Eine redhouse/Putzas Produktion:

Ralf Gertke

Aus dem Tagebuch eines schwererziehbaren Erziehers

Die Erweckung

Ich wache auf. Ich glaube, ich war ohnmächtig. Mirko, der Mann, der aussieht wie ein aufgepumpter Taliban, bringt mich ganz vorsichtig auf die Toilette. Mirko ist cool, er ist ein Pfleger im Krankenhaus meiner Heimatstadt. Mir ist so schlecht, ich könnte dauernd kotzen.

Ich schaue verwirrt in den Spiegel. Oh Mann, sehe ich scheiße aus. Ich muss gestürzt sein.

Mein Schädel brummt fürchterlich und auf meiner Platte funkelt eine riesige Platzwunde. Oh nein. Ich sehe aus wie ein verprügelter Skinhead. Ich fühle mich so ausgebrannt…

Es wird höchste Zeit, meine Geschichte aufzuschreiben.

Ralf Gertke, 1. August 2018

Wer bis 50 keinen Herzinfarkt hat, gilt als Leistungsverweigerer. (Eckart von Hirschhausen)

Ich denke bis 40, aber wir können ja bis 80 arbeiten.

Ralf Gertke

Jahrgang 1965, staatlich anerkannter Erzieher, ist Anti-Gewalt- und Deeskalationstrainer sowie Referent für effektives Gewaltmanagement. Über seine tägliche Arbeit in einem Caritas Kinder- und Jugendheim schreibt er in seinem Debüt: »Aus dem Tagebuch eines schwererziehbaren Erziehers«.

Ralf Gertke

Aus dem Tagebuch eines schwererziehbaren Erziehers

Autor: Ralf Gertke
Cover: André Gertke
Lektorat: Dana Zimmer; Carina Putzas; Eva Lawitschka

Verlag: redhouse, Hettstedt
ISBN: 978-3-9821875-2-5
info@redhouse-verlag.de
www.redhouse-verlag.de
Druck und Verarbeitung: tredition GmbH, Hamburg

Inhalt

Weiterhin erschienen im redhouse verlag:

Kontakt

info@redhouse-verlag.de

www.redhouse-verlag.de

Vorwort – Der Weg einer Heimkarriere

Um eines klarzustellen, in diesem Text werde ich nicht *Lord-Ralf-Ober-Guru* spielen und ermüdende, pädagogische Empfehlungen präsentieren. Anstatt Ihnen vorzupredigen, wie alles besser funktionieren könnte, darf ich Ihnen eher davon erzählen, was dieses Buch nicht kann oder will, nämlich die Welt retten! In meiner Geschichte möchte ich die pädagogischen Mitarbeiter wertschätzen, die über viele Jahre mit schwierigen, verhaltensoffensiven Kindern und Jugendlichen in den Heimen der Erziehungshilfen gearbeitet haben.

Dass ich selbst eines Tages in einem Heim als Erzieher landen würde, wundert mich bis heute. Das will ich kurz näher erklären: Ich, der während seiner Militärzeit 82 Frikadellen klaute und außerdem jeden Ganoven unserer Stadt persönlich kannte, sollte auf einmal als Vorbild und Erzieher herhalten? Das konnte man eigentlich keinem erzählen.

Ich bin davon überzeugt, dass der Beruf des Erziehers früher einmal in vielen Köpfen ein Traumjob war. Das ist mittlerweile leider Geschichte. Und der Grund dafür ist meiner Ansicht nach ziemlich simpel. Die meisten Menschen haben einfach keinen Bock, sich mit schwierigen Zeitgenossen auseinanderzusetzen, weil das verdammt anstrengend ist. Erstaunlicherweise gibt es zum Glück dennoch immer wieder einige Unverbesserliche, die trotz aller Vorbehalte eine Karriere im pädagogischen Sektor anstreben. Zu diesen unbelehrbaren jungen Menschen gehörte auch meine Person. Ich wurde, wie viele andere, ins klischeebehaftete kalte Wasser geworfen, stand oft Situationen ohnmächtig gegenüber, hatte nicht wenige prägende Erlebnisse und darüber hinaus auch jede Menge Spaß im täglichen Alltag mit den mir anvertrauten Kindern und Jugendlichen. Mittlerweile sehe ich meinen Job wirklich als Berufung, obwohl es nie leicht war und auch nach wie vor nicht ist, dem hohen Druck der Arbeitsaufgaben standzuhalten.

Mit Humor und einer Prise Tragik möchte ich Ihnen, liebe Leserinnen und Leser, Einblicke in die Arbeitswelt eines Erziehers im Kinderheim geben. In diesem Buch erfahren Sie viele exakt so zugetragene oder ähnlich erlebte Geschichten, welche allesamt der Auslöser waren, dass sich der Herr Gertke an den Computer setzte und sie aufschrieb. Die folgenden Storys habe ich aus meinen Erinnerungen hervorgekramt und dabei hin und wieder, der Dramaturgie zuliebe, auch ein wenig kreativ nachgeholfen, nur damit hier niemand auf die Idee kommt, mich verklagen zu wollen.

Alles klar? Sind Sie bereit? Na, dann viel Spaß beim Lesen.

Ihr Ralf Gertke

1. Aufs Kreuz gelegt oder mein Weg zum Ringkämpfer auf DDR-Liga-Niveau

Die Erlebnisse während meiner Ringerzeit prägten mich eklatant und gehörten zu den Gründen, weshalb ich später ein schwererziehbarer Erzieher mit Herz werden sollte.

Wie so viele DDR-Kinder, wuchs auch ich in einem Plattenbauviertel einer Kleinstadt auf. Nach der Schule flog die Schultasche in die Ecke, und es ging hinaus zum Fußball spielen. Mein Idol war der Magdeburger Jürgen Sparwasser, der unserem angeblichen Klassenfeind, der BRD, auf dessen Weg zur Krone der Fußballweltmeisterschaft 1974 zumindest ein Bein stellte, indem er in der Vorrunde das Siegtor für die DDR schoss.

Eigentlich waren wir Kinder bei jedem Wetter an der sogenannten frischen Luft, was natürlich totaler Unsinn war, weil das Stahl- und Walzwerk unserer Stadt sowie das Mansfeld-Kombinat Umwelt und Atmosphäre zu jener Zeit ordentlich verpesteten. Jeden Tag nutzten wir, um irgendwelchen Blödsinn zu treiben. So spielten wir eben nicht nur Fußball, sondern kletterten auf Bäume, starteten Haustür-Klingel-Stürme oder prügelten uns mit anderen Straßenjungs. Ein dickes Kind gab es in unserer Straße nie. Meine Arme und Beine sahen aus wie Trommelstöcke. Das Größte an mir waren die Fußballschuhe. Oft fuhr ich mit unserer Straßengang ins Freizeitbad oder an einen See. Alle lernten schwimmen im Kindergarten, ob sie wollten oder nicht. Wer mit sechs Jahren keinen Kopfsprung draufhatte, wurde pädagogisch geschickt in die »Lutscher-Gruppe« verwiesen. Bei uns in der Straße waren alle gut drauf. Auch die Mädchen zeigten uns Elemente aus dem Turnen, welche schon Klasse hatten. Schneller, höher und weiter war das Motto der sozialistischen Bewegung. Für einen Außenstehenden mag das vielleicht alles sehr harmonisch klingen, war es aber bei weitem nicht immer.

Wir lernten, uns zu streiten und durchzusetzen. Eigenartigerweise gab es abgesehen von blauen Flecken und Abschürfungen keine ernsthaften Verletzungen. Soweit ich weiß, leben auch heute noch alle. Auch wenn die damalige Zeit nicht immer einfach war, möchte ich sie trotzdem keinesfalls missen.

Mein Vater war die ganze Woche arbeiten und meine Mutter versuchte, mit allen Mitteln die Familie zusammenzuhalten. Mit meiner Schwester gab es eine stetig nervende Seifenoper, wie das häufig so ist unter Geschwistern, aber irgendwann wurde alles besser. Immer schön waren die Urlaube an der Ostsee und im sozialistischen Ausland. Mehr ging ja damals nicht. Ich habe sehr angenehme Erinnerungen, die ich nicht tauschen möchte.

Ich musste so um die 13 Jahre alt gewesen sein, als sich plötzlich einiges änderte. Ich hatte auf einmal keinen Bock mehr, Fußball zu spielen, ich wollte Ringkämpfer werden. Ein Mitschüler nahm mich mit zum Training in die Trainingshalle. Vom ersten Tag an wusste ich, das ist genau mein Ding. Die Typen, der Sport, die Abwechslung und diese kameradschaftliche Disziplin bestätigten meinen ersten Eindruck im Laufe der Zeit. Die Trainer, die ich kennenlernte, wurden Vorbilder und Ikonen zugleich. Die muskuläre Präsenz, die freche Coolness und diese provokative Cleverness unserer Schleifer fand ich super. Für mich war absolut klar, das wollte ich auch.

Ich musste nicht trainieren wie ein Irrer, ich wurde trainiert, bis die Knochen brummten oder die Muskeln Heavy Metal spielten. Das Demonstrationsvermögen unserer Ausbilder war sehr gut. Alle gezeigten Techniken sahen rund aus. Ich war begeistert und neugierig und ahnte, eines Tages würde auch ich zum Kreis der privilegierten ersten Herrenmannschaft unseres Ringerclubs gehören. Die Jungs und Männer unseres Vereins waren aus einem ganz besonderen Material gebürstet. Zu Spitzenzeiten ging ich jeden Tag der Woche zum Training in die Ringerhalle. Ich konnte mich austoben und ausprobieren. Erst heute weiß ich, was für ein Geschenk dies war, zumal ich keine zwei Minuten Fußweg vom Übungsort entfernt wohnte.

Die vorbereiteten Wettkämpfe im Jugendbereich waren wichtig und förderten das Selbstvertrauen. Mir gelang es, einige Turniere zu gewinnen oder gute Platzierungen bei den Kreis- und Bezirksspartakiaden zu erreichen. Was für ein Segen, denn ich musste immer meinen Arsch bewegen, um auf der Matte eine gute Figur hinzulegen. Mit 16 Jahren bestritt ich den ersten Kampf in der Männermannschaft. Es wurde eine klassische und heftige Schulterniederlage. Mein Gegner klopfte die Ringermatte mit meiner Person aus, und ich flog durch die Luft wie der Skispringer Jens Weißflog zu seinen besten Zeiten. Mein Trainer sagte nach dem Kampf zu mir, dass man aus Niederlagen viel mehr lernen könne als aus billigen und leichten

Erfolgen. Natürlich war an der Aussage etwas dran, aber ich schwor mir, dass ich mich zukünftig auf jeden Wettkampf vorbereiten würde wie ein Berserker.

Ringkämpfer wissen, was einem Sportler durch die Birne fliegt, wenn man die Matte betreten muss. Da steht man ganz allein da und weiß, niemand wird einem helfen. Wenn der Kampf beginnt, steigt das Adrenalin bis zur obersten Kotzgrenze. Man muss den Zweikampf lieben und vielseitig und hart trainieren, wie in anderen Sportarten auch, nur mit Biss und ohne Angst vor Schmerzen. Eule, unser Trainer, konnte den ganzen Tag in der Sporthalle bleiben und ließ sich so manche brutale Trainingseinheit einfallen. Die Kombination aus Technik und Kondition, mit Kletterstange, Turnen und Trainingswettkämpfen gefiel mir gut. Stundenlang prügelten wir uns, mit semi-eleganten Gymnastikhosen am Körper, durch sämtliche Ringermatten, wie einst die Gladiatoren in der römischen Arena.

Fußball und Prellball wurden auch gespielt. Was mir zu jener Zeit allerdings nicht in die Birne wollte: Wieso war Verlieren bei den Kampfsportlern unter allen Umständen verboten? Egal welches Spiel auf dem Plan stand, es musste sich immer bekriegt werden, bis kein Tropfen Blut mehr in der Umlaufbahn war. Diese Philosophie musste ich mir schnell eintrichtern, ansonsten hätte ich ständig eine schmerzhafte Arschrunde in unserer olympischen Kernsportart erhalten. Heutzutage wird so nicht mehr trainiert. Mit der Zeit verändert sich vieles.

Irgendwann gehörte ich jedenfalls zum Stammkader unserer Ringermannschaft. Ich fühlte mich wie ein Astronaut, der voller

Stolz einen unbekannten Planeten betreten hatte. Bei vielen Mannschaftswettkämpfen stand ich selbstbewusst auf der Matte und kämpfte wie eine listige und hochgiftige Rattlesnake für unseren Klub. Immer wenn mir in meinem jugendlichen Leichtsinn durch den Sinn fuhr, ich sei ja eigentlich der Allergrößte, wurde ich von meinem Trainer gezielt in den arroganten Arsch getreten. Das war wie im normalen Leben. Immer wenn man dachte, alles lief super, gab es auf die eine oder andere Weise etwas auf die Fresse.

Jedes Jahr ging es ins Trainingslager an die Ostsee. Ein absoluter Höhepunkt. Neben meiner Zeit als Sportstudent waren die Erlebnisse an der Küste mit meinen Ringerfreaks die spannendsten Abenteuer, die ich erleben sollte. Fußballtennis, Baseball, Boxen und Ringen am Strand waren immer Bestandteile des Trainingscamps. Die Kenner wissen es noch heute, es ging meistens um das gute und leckere »Klabautermännchen«, einen ganz besonderen Kräuterlikör.

Mit meinem Freund Johnny habe ich die Küste beben lassen. Jeden Tag wurde trainiert und bei jeder Gelegenheit pumpten wir uns auf, wie zwei hormonverseuchte Maikäfer. Wir sahen wie geschnitzt aus und stolzierten in knappen Badehosen und damals noch albernen DDR-Frisuren den Strand entlang. Wir kannten sämtliche Imbissbudenbesitzer und jeden Rausschmeißer der Diskotheken. Eigentlich durften wir uns alles erlauben, taten wir aber nicht. Nur hin und wieder zeigten wir einigen Schlägern entlang der Küste, wer hier wirklich die fettesten Würste im Kessel waren. Das alles war natürlich ziemlich albern und nichts weiter als lächerliche

Machtdemonstration, aber es befriedigte uns ungemein. Nach jedem Trainingslager mit meinen Ringkämpfern war ich immer so fertig auf den Knochen, dass ich zusätzlich eine Woche Erholungsurlaub nehmen musste.

In den 80er Jahren stand unser Ringerklub vor dem Aufstieg in die DDR-Liga. Alle im Verein waren aufgeregt und wollten unbedingt den Sprung in dieses Haifischbecken wagen und einige große Exemplare aus dem Teich prügeln. Damals fuhren wir meistens mit der Bahn zu den Wettkämpfen, was immer ein anstrengendes Vergnügen war, da ständig einer unserer individuellen Kämpfer aus der Reihe tanzte.

So kam es, dass unsere Ringerriege an einem Samstag, in einem Zug der Deutschen Reichsbahn, Richtung Thüringen aufbrach mit dem Plan im Gepäck, nach einem Sieg gegen Motor Franzhausen die ganze Nacht durchzufeiern. Ich hatte in der Woche sechs Kilo abtrainiert und sah aus wie ein ausgelutschtes, kraftloses Streifenhörnchen. Ich schaute die ganze Zeit auf meine Sporttasche, wo die ganzen Leckerbissen drin waren, die ich mir nach dem Wiegen einwerfen würde. Als wir in den Zug stiegen, mussten wir feststellen, dass das Schienengerät knackend voll war.

Das geht ja wieder gut los, dachte ich.

Zu allem Überfluss hatte eine Horde von sozialistischen Fußball-Hooligans einige komplette Abteile blockiert, sodass die meisten Passagiere gezwungen waren, wie Käfighühner in den dichten Gängen nach Luft zu schnappen. Es dauerte nur fünf Minuten und Paule, unser Kämpfer im Schwergewicht, hatte den Kanal voll und wühlte sich in die blockierten Abteile der hirnreduzierten Fangemeinde. Nervig war auch deren Gegröle: »Wir sind keine Fans, wir sind Hooligans!«

Vor Wut flogen Paul die Falten aus dem Gesicht. Er gab uns ein kurzes Zeichen und sagte leicht aggressiv und entschlossen: »Johnny und Ralle, mitkommen. Jetzt kriegen diese Halbaffen was auf die Fresse!«

Es dauerte nicht lange und Paule nahm sich einen Krawallbruder nach dem anderen vor und säuberte die ersten drei Abteile von lästigem Ungeziefer. Wie Westpakete flogen die verlausten Hooligans in ein anderes Zugabteil, und Paule donnerte weiter wie eine barbarische Dampfwalze durch den überfüllten Zug.

An dieser Stelle ein kurzes Briefing zu Paule:

Paule glich in seiner Erscheinung einem zerfledderten Königstiger mit Catcher-Ohren. Er war seit Jahren das Alphatier unserer Riege und unumstritten der stärkste Mann in our Hometown.

Aber um eines klarzustellen: Auch wenn das heute von einigen nach wie vor rigoros behauptet wird, Paule saß nie in einem russischen Knast!

Auf jeden Fall feierte das kräftige Muskelpaket an jenem Tag im Zug seinen 40. Geburtstag. Ohne Hemmungen knallte Paule in die wilde Rotte der Hooligans, die sich schnell und mit vollen Hosen in die letzten Wagenreihen verpissten. Die Schläge, die gegen unseren Schwerathleten krachten, zeigten keinerlei Wirkung. Mit einer teamorientierten Ringergewalt wurden alle alkoholisierten Fans durchgeschüttelt und ihnen unkonventionell in den Arsch getreten. Ich glaube, so etwas hatten diese halbstarken Trottel noch nie erlebt. Keine fünf Minuten später fand jeder Zugpassagier einen Sitzplatz. Der Schaffner bedankte sich bei uns, da er machtlos gegen dermaßen viele randalierende, menschenähnliche Primaten gewesen war. Wir fühlten uns wie überirdische Befreier. Eine Oma freute sich, als hätte sie den Hauptgewinn in der staatlichen Ost-Mark-Lotterie gewonnen. Sie packte ihr Lunchpaket aus und verteilte großzügig harte, blaugekochte Ostereier.

Paule sagte: »Danke Omi, Eier braucht der Herr vor dem Geschlechtsverkehr. Ich habe heute meinen Ehrentag und feiere mit meiner Ringerfamilie und du bist eingeladen.«

Die alte Dame lächelte mit ihren blankgeputzten Goldzähnen und meinte: »Danke, Hauptsache, es schmeckt, mein lieber Rübezahl. Du weißt doch, diesem Kerl war auch niemand gewachsen.«

Alle Personen, die ein bisschen querdenken konnten, schmunzelten. Die alte Dame hatte Humor und war, genau wie wir, einfach außerordentlich schlagfertig. Sie beförderte unseren Paul schnell noch zum hochverdienten Abteilungsleiter. Mit dem Hinweis in meine Richtung, ich solle unbedingt etwas essen, weil ich angeblich wie das *»Gerippchen unsterblich«* aussähe, humpelte die greise Eierfrau aus dem Abteil. Die Alte hatte gut reden. Ich konnte aber nichts essen, weil ich Angst hatte, ich würde das Duell mit der Waage verlieren. Am Morgen lag ich noch 300 Gramm über dem offiziellen Kampfgewicht.

Der Zug kam in Erfurt an, und wir mussten umsteigen. Als wir den Bahnsteig betraten, wurden wir von der Bahnpolizei empfangen und zu den unorthodoxen Aufräumarbeiten in den Waggons befragt. Noch während des Gesprächs mit den Volkspolizisten fuhr der Zug langsam aus dem Bahnhof, und die Hooligans warfen volle Bierflaschen nach uns, wie auf dem Rummelplatz beim Büchsenwerfen. Wenn man sich umsah, konnte man meinen, ein Bier-Transporter sei explodiert.

»Scherben bringen Glück, ihr Flitzpiepen!«, brüllte Johnny in Richtung der wilden Wurfkolonne. Er sollte irgendwie recht behalten.

Die Polizisten, die natürlich alles miterlebt hatten, wollten nichts mehr von uns wissen und machten sich auf die Verfolgung der Krawallbrüder. Meine Truppe wechselte den Bahnsteig. Spätestens jetzt wurde mir klar, dass dies ein unvergesslicher Tag werden würde.

Die anschließende Weiterfahrt nach Franzhausen über Zella-Mehlis verlief ohne größere Vorkommnisse. Nur das liebenswerte Dissen und Sticheln der Sportfreunde untereinander gehörte damals zum Alltag, wie das Bier zum Frühschoppen. Völlig klar, hier und da wurde auch mal übertrieben. Für uns war das damals alles ein arrogantes und witziges Wohlstandsmobbing. Jeder gegen jeden, aber wenn es darauf ankam, wurde sich gegenseitig geholfen, wie in einer schrecklich netten Familie. So wurden alle Athleten, die Gewicht machen mussten, als dicke Dinger bezeichnet. Die Schwergewichte dagegen waren unsere Supermodels oder wie wir es ausdrückten: »Miss Magersucht oder Lady Muttermilch.«

Jedenfalls blödelten wir herum und spielten Karten. *Ramsch* oder *17 und 4* waren angesagt, bis uns die Finger glühten. Hans zelebrierte ein primitives Knobelspiel mit Streichhölzern. Natürlich wurde der Verlierer verdonnert, einen Obolus in die schon gut gefüllte Kräuterlikör-Kasse zu werfen. Eine angenehme Ablenkung. Doch langsam, aber stetig ansteigend, machte das beklemmende Lampenfieber in uns die Runde. Spätestens als der Zug den Bahnhof in Franzhausen erreicht hatte, waren wir alle ordentlich nervös.

Wir kamen vor dem Hotel an, in dem in einem Nebenbereich die Mannschaftskämpfe stattfinden würden. Ich war begeistert von den Räumlichkeiten und den sanitären Anlagen. Da hatte ich schon ganz andere Sachen erlebt.

Paule tigerte wie ein hungriger Wolf durch die Kneipe und suchte alle fünf Minuten die Toilette auf. Er kippte sich schnell ein Bier hinter die Mandeln, aber es beruhigte ihn nicht. Angst hatte Paule nicht, nur jämmerlich die Flatter, wenn er auf die Ringermatte musste. Wettkampfsituationen schlugen jedes Mal auf die Psyche, wie Adrenalin-Hämmer. Da flogen regelrecht Splitter und Steine durch den Körper und man fühlte sich immer so, als wenn man Drogen genommen hätte oder so ähnlich.

Paule konnte sein Lampenfieber nicht verbergen, und wenn er sein Handtuch zwischen den Zähnen hatte, wusste jeder von uns, jetzt ist es wieder so weit. In dieser Phase brauchte niemand unseren starken Kerl anzusprechen. Jeder der Kämpfer war schon mit den Gedanken auf der Matte und beschäftigte sich mit seinem möglichen Gegner. Das Anschwitzen in der Halle wurde zu einem durchgespielten Ritual und beruhigte mich etwas. Ich war heiß wie Puma-Pisse. Endlich ging es auf die Waage.

Paule kam wie immer zu spät zum Wiegen. Seine Unruhe steckte uns alle an. Der Kampfrichter sagte zu ihm: »Jetzt wird es aber Zeit, Sportsfreund! Warum kommen Sie jetzt erst?«

Paul stotterte mürrisch: »Ich musste noch `ne Bank überfallen und ein paar Hooligans verprügeln. Außerdem habe ich mein Asthma-Spray nicht gefunden.«

Zumindest die Sache mit der Rauferei stimmte.

Ich stand splitternackt auf der Waage, und sie zeigte exakt 73,9 Kilogramm an. Mit Unterhöschen hätte die Kiste sicherlich nach oben über mein zulässiges Gewicht ausgeschlagen, und ich hätte dem Gegner hier bereits die ersten vier Punkte geschenkt. Aber nichts wird freiwillig hergegeben. Das Duell mit der Waage hatte ich erfolgreich für mich entschieden, auch wenn es ein verdammt knapper Sieg war. Hundert Gramm unter dem Maximalgewicht.

Gott sei Dank, dachte ich erleichtert.

In der Vorbereitungswoche hatte ich brutal abgeschwitzt, sogar mit Pudelmütze geschlafen und vor Schwäche in die Sauna gekotzt. Aber Johnny, unser Coach, hatte sich gut um mich gekümmert und seinen Job hervorragend erledigt. Er spritzte mich ohne Skrupel mit einem kalten Wasserschlauch ab, sodass sämtliche Essensreste im Abfluss verschwanden. Sicher eine peinliche Vorstellung. Ich wusste nicht mehr, wann ich das letzte Mal Nahrung aufgenommen hatte. Endlich durfte ich mir etwas zwischen die Kiefer schieben. Aber ich konnte nur Obst und eine mickrige Schnitte verschlingen. Mein Körper hatte sich an die Extremdiät gewöhnt. Mit Johnny trank ich dann noch unseren Zaubertrank, eine Mischung aus Traubenzucker, Orangensaft und Schnaps, ein jahrelanges Ritual und seelisches Doping. Ich merkte gleich, wie das leckere Gesöff meine Anspannung minderte und meine innere Einstellung in den Kampfrhythmus katapultierte.

Dann ging es los. Die ekelhafte Nervosität erreichte ihren Höhepunkt. Die Begrüßung der Mannschaften und ein paar Worte vom Bürgermeister der ringerverrückten Kleinstadt nervten mich ungemein und interessierten eigentlich auch niemanden. Die mittelgroße Halle war völlig ausverkauft. Die alten und überdrehten Fans, zum größten Teil Rentner, drohten uns mit Sprüchen, wie: »Macht sie alle, und schmeißt sie aus der Halle!«

Ein Jugendlicher malträtierte lautstark seine alte Buschtrommel und wiederholte die abgedroschenen Parolen.

Ich sah zu Paule und konnte mir denken, was ihm durch den Kopf ging. Er machte eine beruhigende Handbewegung und sagte nur: »Du Ralle, wenn die wüssten, dass wir heute schon ein paar Idioten aus dem Abteil geschmissen haben, würden die Micky Mäuse die Fresse halten.«

»Die alten Affen machen eben schon beim Zugucken Fehler«, erwiderte ich.

Da die einheimischen Fans nichts von unserem vorangegangenen Aufwärmtraining im Zug wissen konnten, machten sie weiter mit ihren langweiligen Provokationen und

Beleidigungen, wobei besonders das greisenhafte Rentnervolk mit abträglichem Beispiel voranging.

Wann werde ich hier angespuckt, fragte ich mich, als ein besonderes Exemplar samt Gehhilfe vor mir stand.

Also ich persönlich finde solche Sachen immer ungemein unterhaltsam und motivierend. Mein Freund und Verleger Jan sagte mir einst: »Wer mit verbalen Handgreiflichkeiten nicht umgehen kann, hat in der Ersten Liga nichts zu suchen!«

Ich wollte nur nicht als Zielscheibe für die Mundflüssigkeiten einiger Höhlenmenschen dienen. Zum Glück sabberte mich niemand voll. Auch wenn die ganzen Methusalems ihre persönlichen Meisterschaften im Krückenfechten und Gebissweitspucken mit relativem Erfolg demonstrierten, zählte hier nur der Zweikampf Mann gegen Mann auf der Ringermatte. Zwischen Kampfplatz und Zuschauern war nur eine Messerspitze Luft.

Gleich musste der erste Fighter unserer Riege auf die Matte. Das war der Moment, als der Sportkamerad Piet mir klar machte, dass unser Hansi die Startpässe vertauscht hatte und ich heute mal unter dem Namen Tommi in die Schlacht zog. Der echte Tommi dagegen wusste schon Bescheid und rollte nur mit den Augen. Mit einem zornigen Blick lief ich zum Hans und sagte: »Junge, was geht denn bei dir ab? Wenn das rauskommt, können wir gleich die Hütte verlassen!«

Hans meinte nur: »Bla, bla, bla! Mensch, ich habe nicht gewusst, dass du heute in der Gewichtsklasse bis 74 Kilogramm aufläufst.«

»Na Klasse!«, fluchte ich leise.

Hans wusste genau, was ihm nachher blühte. Nämlich, dass für alle Getränke des Abends ausschließlich seine Brieftasche gezückt werden würde. Hinzu kam, dass unser Sportsfreund Paul Geburtstag hatte und das Essen für alle aus unserer Mannschaft zahlte. Von daher sollte der Samstagabend jetzt gut sein. Paul blechte das Essen und Hans die Getränke. Für mich Motivation genug, um auf der Matte Vollgas zu geben und zu kämpfen wie eine bissige Hyäne. Mein Trainer sagte immer: »Ein hungriger Löwe kämpft besser.« Na gut, Hunger hatte ich noch nicht. Allein die Aufregung machte mich erstmal pappsatt. Es ist schon irre, wie die Psyche einen verrückt machen kann.

Die Anfangskämpfe liefen ganz ordentlich. Guido fuhr die ersten Punkte ein und Nato, eine Bank unserer Truppe, legte vier weitere Zähler nach. Doch anschließend hagelte es zwei deftige Niederlagen, welche in dieser Höhe nicht vorauszusehen und vor allem nicht eingeplant waren.

Als Nächster war Johnny an der Reihe. Er kämpfte clever und siegte souverän. Die Aufregung stieg, denn jetzt war klar, wenn ich es schaffen würde, meinen Kampf hoch zu gewinnen, könnte es für unseren Aufstieg in die DDR-Liga reichen. Kurz flatterte mein Nervenkostüm, und ich fühlte mich wie der letzte Penner, der drei Tage lang kein Auge zu- und keine Flasche aufgemacht hatte.

Paul schrie mich an: »Los Kleiner, du bist dran! Brust raus und kneif die Arschbacken gefälligst so zusammen, dass ein Fünf-Mark-Stück die Prägung verliert! Hast du mich verstanden?«

Völlig mechanisch nickte ich zur Bestätigung. Wieder so ein dämlicher Spruch unseres abgebrühten Alphamännchens. Ich dachte nur: *Du darfst hier auf keinen Fall verlieren. Koste es, was es wolle!*

Meine Poren explodierten und kalter Schweiß schoss durch die angespannte Haut auf mein Ringertrikot. Mit dem ersten Schritt auf die Matte sprang die Anspannung aus mir heraus, wie ein Fallschirm aus dem Sack nach dem Zug an der Reißleine. Ich war voll da und hochkonzentriert. Ich funktionierte. Die dämlichen Zwischenrufe hörte ich nicht.

So, Freundchen, sagte ich im Geist zu mir, *heute wirst du leiden!*

Ich kämpfte wie ein Besessener, gab alles, aber der Gegner leider auch. Zur Pause stand es unentschieden. Mein Rivale hatte allerdings die letzte Punktwertung für sich entschieden und das bedeutete laut Regelwerk, er lag somit in Front. Mir war absolut klar, in der zweiten Runde musste ich liefern.

Paule brüllte mich an: »Merkst du denn nicht, wie der aufgeblasene arrogante Stinker nur sinnlos schiebt? An der roten Zone wartest du und ziehst knallhart durch!«

»So blöd bin ich auch nicht!«, fauchte ich zurück.

»Na dann mach deinen verfluchten Job und wirf den Komiker auf den Ast!«, schrie mich Paule an.

(Eine der Ringerregeln besagt, dass derjenige Kämpfer gewinnt, welcher seinen Gegner auf beide Schultern, also auf den Ast legt. Anm. des Autors)

Die kurze Pause tat mir jedenfalls gut. Ich musste jetzt unbedingt punkten. Also Arsch hoch und Attacke.

Gong zur zweiten Runde. Die Fans machten die ganze Zeit Alarm und einige hatten offenkundig schon ein Bierchen zu viel im Blut. Die jubelnde Menge tobte und freute sich bereits über den bevorstehenden Sieg ihres Lokalmatadors.

Mit einer Überdosis Wut in der Birne trabte ich locker auf die Matte zurück. Johnny und Hans hatten mich ordentlich durchgerubbelt. Pauls motivierende Ansage klingelte mir immer noch in den Ohren. Mein Gegner kämpfte unerbittlich weiter. Er war ein harter Hund, übte teuflischen Druck aus und wollte mich unbedingt brechen, um das Ding klar für sich zu entscheiden. Da geschah es, ich passte kurz nicht auf, mein aufgepumpter Rivale zog durch und nahm mir eine weitere Wertung ab.

Was bist du ein beschissener Träumer, Gertke, hämmerte es mir durch die Platte. Ich schaffte es gerade noch rechtzeitig, mich durch eine sogenannte Brückentechnik, in die Aus-Zone zu retten. Nach Punkten stand es jetzt 6:3 gegen mich. In der Halle tobten alle Zuschauer, klatschten im Takt und sangen: »Oh, wie ist das schön. Oh, wie ist das schön.«

Paule strampelte wie Herkules an der Seite herum und schrie mich schon wieder an: »Du Penner, schlaf aus! Es sind nur noch 50 Sekunden auf der Uhr!«

Er log mich knallhart an, denn eigentlich waren es noch fast zwei Minuten.

Das kann doch hier alles nicht wahr sein, dachte ich kurz mit einem Hauch konstruierter Demotivation, und weiter ging es auf der Matte. Wieder drückte mein Gegner und wollte nun mit dem Publikum im Rücken die Entscheidung des Kampfes für sich klarmachen. Ich wartete ab, bis mein sich des Sieges sicherer Konkurrent das kontrollierte Schieben aufgab und auf meinen Gegendruck reagierte. Für eine Millisekunde sprang die Alarmanlage in mir an. Blitzartig zog ich meine Spezialtechnik, den Kopf-Hüft-Schwung links, erbarmungslos durch. Die giftige Stimmung in der Halle kippte sofort um. Ich hatte das Gefühl, dass alle Zuschauer auf der Matte standen und mich anfeuerten. Paule sprang auf wie der behinderte Bruder von Rumpelstilzchen und schrie durch die Halle: »Ralle, mach ihn drauf! Lass ihn nicht mehr los!«

Ich hatte das kleine Muskelpaket im Festhaltegriff und zischte ihm in die Ohren: »So, du Sack! Hier kommst du nicht mehr raus!«

Ich drückte mit aller neugewonnenen Kraft und hebelte den Arm meines Widersachers etwas an. Mit letzter Power versuchte der Kontrahent, sich aus meiner Umklammerung herauszuwinden. Aber es war zu spät. Mit zorniger Visage sah ich zum Kampfrichter, meine Gedanken sichtbar in den Augen: *Siehst du Spinner nicht, dass dieses Prachtstück hier auf dem Ast liegt?*

Drei Sekunden später pfiff der Unparteiische ab. Ich wurde überraschend zum Schultersieger erklärt und Paule tanzte mit Hans in den Armen einen erotischen Lambada. Zu jenem Zeitpunkt war klar, dass wir den Mannschaftskampf tatsächlich noch für uns entscheiden konnten. Tommy, Moppi und Paule mussten lediglich insgesamt noch vier Punkte einfahren. Tommy siegte dann knapp nach Punkten und Moppi holte den wichtigen letzten Punkt für die Mannschaftswertung. Wir gewannen das Ding und stiegen in die DDR-Liga auf. Doch es sollte noch etwas passieren. Paule wollte zum Abschluss nochmal richtig rocken und dem Publikum eine besondere Show bieten. Der Druck war weg, da wir das Ding im Kasten hatten. Locker und gewieft setzte er die Zeichen auf Sieg und spielte mit seinem Gegner. Die einheimischen Fans klatschten respektvollen Applaus. Dann passierte es. Panzer-Paul zog seine unnachahmliche Schleudertechnik durch, aber sein Gegner verhakte sich am Ringerstiefel. Mit voller Wucht knallten beide Kämpfer wie Abrissbirnen mit den Köpfen brutal zusammen. Es klatschte fürchterlich, so als ob zwei hartschalige Melonen frisch gepresst wurden, allerdings mit einem Hammer. Eine tatortreife Blutlache überströmte die Ringermatte. Paules Unterkiefer war gebrochen, und sein linkes Auge zierten Rocky-ähnliche Platzwunden und Schwellungen. Es sah alles verdammt übel aus. Verletzungsbedingter Kampfabbruch! Paule wankte von der Matte und die Sanitäter hatten vor, unseren Riesen in die städtische Klinik zu bringen. Aber der harte Hund wollte auf keinen Fall ins Krankenhaus. Paule wollte mit uns seinen Geburtstag und natürlich den Aufstieg in die DDR-Liga feiern. Er sah mich zerknautscht an und nuschelte: »So `ne Scheiße, jetzt kann ich gar kein Schnitzel fressen!«

Piet, unser Mannschaftsleiter, nahm den Pokal für den Aufstieg in die zweithöchste Liga der Republik entgegen. Alle jubelten und sangen die Ringerlieder hoch und runter. Auch die Gegner sandten Gratulationen in unsere Richtung, und wir zogen uns nach dem Duschen in die gemütliche Kneipe zurück.

Hans pürierte Quasimodo-Paul dessen Schnitzel mit Pommes. Er selbst verspeiste traditionell nur Torte mit Sauerkraut und Bonekamp. Kein Witz!

Streitsüchtig zog Piet unseren Hans die ganze Zeit mit den vertauschten Pässen auf. Genervt warf Hansi irgendwann zwei große Scheine zur Wiedergutmachung in unsere Catcher-Kasse. Das waren treffsichere Argumente, denn niemand sprach je wieder über seinen kleinen Fauxpas, der uns durchaus hätte disqualifizieren können. So lief das in einer Sportlergemeinschaft eben.

Nach dem Essen wurde das beliebte Stiefeltrinken praktiziert. Ich wusste, wenn ich hier mitsaufen würde, überlebte ich die Nacht nicht. Etwas feige, aber mit einer Spur der Vernunft, spielte ich den Verlierer und bezahlte eine weitere Runde, damit alle Teilnehmer auf ihre Kosten kamen. Hans blubberte drei Flaschen leckeren Kräuterlikör in den Pokal. Alle Sportler tobten sich am goldenen Pott aus und tranken das Gesöff wie die alten Römer in der Antike. Ich sagte zu Paule: »Maschine, du kannst mit deiner schiefen Schnauze keinen Schnaps saufen. Dein Kiefer könnte aus der Fassung fallen wie eine alte Küchenhänge.«

Doch Paul wollte den netten Rat nicht hören und maulte zurück: »Hör mit dem Gesülze auf und gib sofort das Gerät her. Ansonsten bringe ich dich in den Knast, wegen seelischer Grausamkeiten, da lernst du Sexualität von der anderen Seite kennen. Klar, mein Freund?«

Das wollte ich natürlich alles nicht, und Paule trommelte sich völlig schmerzfrei die hochprozentige Kräutermischung in den

Rachen. Unglaublich, was der alte Zigeuner vertrug, selbst mit durchgebrochenem Kiefer. Mit leichter Schlagseite prallte der zerfledderte Paul noch einmal mit seinem Eisenschädel in die Pokalvitrine und löste Alarm aus. Kurz durchgeschüttelt stand der abgehärtete Athlet wieder auf und startete energisch zum weiteren Stiefeltrinken durch.

Eine Stunde später machten wir den Abflug und torkelten lautstark zum Bahnhof. Wir fuhren über Leipzig zurück in die Heimat. Als wir in den Zug stiegen, flüchteten sämtliche Fahrgäste in andere Abteile.

Ich brüllte: »Wir sind keine Hooligans, wir sind nur Ringerfans!«

Aber meine Beschwichtigungen zeigten nur mäßigen bis gar keinen Erfolg. Niemand der anderen Passagiere wollte etwas mit uns zu tun haben. Mich überkam das ungute Gefühl: *Irgendwas passiert hier noch!* Tja, und so kam es dann auch ...

Bevor wir in die Bahn gestiegen waren, hatte Moppi seine Sporttasche auf dem Weg zum Urinal, in einer Ecke des Bahnhofgebäudes abgestellt und somit für eine eklatant aromatische Überraschung gesorgt. Völlig ahnungslos warf er später seinen alten Sportkoffer über die Schulter und drängelte sich durch die Gänge des Zuges. So wurden wir irgendwie alle von der unschön duftenden Tasche verwöhnt beziehungsweise bekleckert.

Es dauerte nicht lange und Paule sagte: »Ey Leute, kriegt ihr das nicht mit. Hier ist eindeutig etwas faul! Wer hat hier in die Hosen geschissen?«

In der Tat stank es überall um uns herum nach immensen Verdauungsproblemen. Was war passiert? Nun, Moppi hatte seine Klamottentasche vorm Pipimachen direkt in einem Haufen Hundescheiße abgestellt und beim Einsteigen in den Zug hatte der kleine Pisser großzügigerweise alle anderen Personen mit einer übelriechenden Wolke aus Fäkalien beglückt. Jeder, wirklich jeder, stank wie ein altes verwestes Frettchen. Auch das ständige Öffnen der Fenster bewirkte keine Verbesserung dieses Zustandes.

In Leipzig hatten wir dann zwei Stunden Aufenthalt. Wir versuchten, die schmierige und müffelnde Masse irgendwie loszuwerden. Tommy spielte den talentierten Pausenclown, zeigte seine Fangkünste und erhaschte eine Taube. Sein folgender Kommentar »Welch verführerischer Gedanke, das Ding jetzt zwischen zwei Brötchenhälften, da läuft mir doch glatt das Wasser im Munde zusammen« sorgte für kurze Lacher und lange Würgegeräusche.

Aber der griffige Pausen-Beutegreifer ließ das Täubchen wieder frei und grölte: »We are the champions, my friends.«

Nach der drolligen Luftratten-Einlage sprang Tommi, nur mit Schlüpfer und Unterhemd am Leib, einen »Flic en Flac« mit abschließendem Salto mitten in einen Springbrunnen am Bahnhof. Er sah aus wie die maskuline adoptierte Schwester von irgendeinem aus dem Rastelli-Zirkus oder wie der hieß. Einige Passanten beobachteten die riskante Showeinlage und klatschten Beifall. Selbst die ungläubig dreinblickenden Polizisten grinsten und hegten eher Sorge darüber, dass unserem fliegenden Artisten nichts zustieß.

»Ach, was solls?«, rief ich und sprang zu Tommi in den Brunnen. Die anderen aus der Mannschaft taten es mir gleich und nutzten ebenfalls die sprudelnde Bademöglichkeit. Wie fehlgeleitete Rohrraketen schoss unsere verrückte Ringertruppe die versifften Abflüsse frei und versorgte die vertrocknete Buschlandschaft mit reichlich Flüssignahrung, eine auffallend-optisch-lustige Symbiose.

»Rettet die Bäume und Sträucher!«, brüllte irgendein Wasserwerfer aus der Truppe. Ich bemerkte, dass ein aufgebrachter Passant unserem Treiben nur äußerst kritisch gegenüberstand, denn er sagte lautstark: »Ich nehme mal an, dass unsere Psychiatrie den ersten Gruppenausflug für diese durchgeknallten Spinner genehmigt hat!«

Aber nachdem wir uns geschlossen bei ihm entschuldigt hatten, indem wir ihm zu verstehen gaben, er solle sich verpissen, suchte der junge Mann dann auch schnell das Weite. Genau, was ich immer sage: »Man muss viel öfter miteinander kommunizieren, dann erledigen sich die meisten Missverständnisse von selbst.«

Jedenfalls waren wir alle frisch gebadet und fühlten uns gut. Nur der Geruch von bissigen Fäkalien wollte einfach nicht verschwinden. Am Bahnhof wollte niemand unseren Weg kreuzen, geschweige denn, uns konfrontieren. Singend und tanzend warteten wir ungeduldig auf unseren Anschlusszug. Piet organisierte abgelaufenes Konservenobst aus der versifften DDR-Bewirtungsstation »Mitropa«. Die schmackhaften Büchsen wurden wieder mit hochprozentiger Kräuterjauche angereichert. Auch eine ungarische Salami, mit ordentlich Knoblauch, machte die Runde. Hauptsache es schmeckte.

»Ich war ein Jüngling mit 18 Jahren, der Ringkampf war mein Sport«, trällerten wir nach unserer Heimkehr inbrünstig in die Nacht hinaus und torkelten weiter durch die Gegend. Die sinnlose Sauferei nahm ihren Lauf, und wir zogen am Abend noch in die Disco unserer Stadt.

Moppi kratzte weiter erfolglos an seiner widerlich müffelnden Sporttasche herum. Der infernalische Gestank verflog einfach nicht. Alle Besucher der Diskothek dachten, unser Moppi sei ein Vertreter für Stuhlproben und wolle sich jede Menge Arbeit mit nach Hause nehmen.

»Das sind unsere Schlammcatcher! Die hatten heute ihren Wettkampf in der städtischen Kläranlage!«, brüllte unser Freund Sigi, den wir im Tanzschuppen antrafen, in die Runde. Irgendwann rochen wir alle identisch, nämlich nach Knoblauch, Alkohol, Urin und Kacke. Uns interessierte das alles nicht. Wir fühlten uns an jenem Abend als Superstars.

Tommy tanzte auf einem der dreckigsten unter all den schmutzigen Tischen, und alle jubelten ihm zu. Nur Moppi, dem der Alkohol noch mal durch den Kopf ging, machte ein kleines Nickerchen. Irgendwann wurde ihm natürlich schlecht, und er übergab sich. Wieder musste seine Sporttasche dran glauben, denn sie wurde zum Kotzbehälter erklärt. Na ja, wenn es läuft, dann läuft es eben.

Die ganze Nacht wurde gnadenlos durchgefeiert. Wir brachten Moppi im Schlepptau nach Hause ins Ausnüchterungsbettchen zu seiner Mutti, die selbstverständlich alles andere als begeistert von unserem Treiben war. Aber sie ließ uns hinein, und nur die stark riechende Sporttasche musste draußen bleiben.

Fazit: »Moppi fand den glücklichen Scheißtag zum Kotzen, schlief aber friedlich ein.«

Am Morgen danach waren wir erwartungsgemäß alle total fertig und kaputt. Als ich nach Hause kam, schüttelte meine Freundin nur den Kopf mit den Worten: »Beweg deinen Knackarsch sofort unter die Dusche! Du stinkst wie eine Müllhalde!«

Viele Stunden später wachte ich auf, und mir tat wirklich alles weh. Eigentlich brauchte ich einen Lastenkran, der mich aus dem Bett hievte. Es war, als würde mein Körper zu mir sagen: »Junge, so etwas machst du nicht noch mal mit mir!«

Paul wurde am nächsten Tag operiert. Ich war mir sicher, die alte Maschine brauchte keine Narkose. Mit ein paar Drähten in der Zerkleinerungsanlage wurde seine Ringkämpfer-Karriere beendet. Trotz Bänderrissen, Gehirnerschütterungen und Nasenbeinbrüchen bestätigte mir Paul, dass er die schönste Zeit des Lebens mit seiner Ringerfamilie verbracht hatte. Der einst so kräftige Mann lebt heute ein glückliches Leben als Rentner. Nur ab und zu spürt er die körperlichen Sünden seiner Sportlerlaufbahn.

Zu den jährlich traditionell veranstalteten Ringertreffen, meistens zum Männertag, werden die alten Storys immer wieder neu aufgewärmt. Dabei bleiben selbstverständlich einige Geschichten, als *»top secret«* deklariert, nur innerhalb der Ringerfamilie.

Meinen Ringkampffreunden möchte ich ein dickes Dankeschön für die super Zeit sagen, die ich mit euch verbringen durfte. Auch in Corona-Zeiten seid ihr mit ABSTAND die Besten.

2. Milka macht das Leben schön traurig

Also ich denke, Fakt ist: Milka-Schokolade allein macht keinen Menschen zum Verbrecher. Ich bin mir dahingehend absolut sicher, denn sonst wäre ich wahrscheinlich selbst Schwerverbrecher geworden. Um die Wahrheit zu sagen, ich bin bekennender *Schokoholiker*. Ich liebe Schokolade. Und nun zur Geschichte…

Nach der politischen Wende in der DDR begann ich im Rahmen meines Sportstudiums in Leipzig ein Praktikum im ehemaligen Spezialkinderheim der Stadt. Nach nur einer Woche bekam ich überraschenderweise nicht die sofortige Kündigung, sondern eine Festanstellung. Ich hatte keine Ahnung, was mich dort erwarten würde. Beinahe ahnungslos und ohne Vorbereitung auf die Tätigkeit, durfte ich nach gerade mal sieben Tagen Probelauf direkt starten. Die ersten Wochen waren für mich einfach nur die Hölle. Ich hatte immer das Gefühl, dort machte jeder, was er wollte. So war meine Gute-Laune-Kiste, oder wie ich sie hin und wieder bezeichnete »Der Happy-Ralf-Koffer«, meistens fest verschlossen. Es war so dermaßen schwierig, vernünftige Freizeitaktivitäten durchzuführen. Ein Spaziergang im Wald oder ein Feuerchen am Grill wurden schon als kulturelles Hochspektakel gewertet. Die Kinder und Jugendlichen hatten einfach keine Lust mehr, sich an die alten, aufgedrängten und autoritären Normen halten zu müssen. Einige Jugendliche wollten das neue Deutschland ganz anders entdecken. So türmten sie regelmäßig aus der Einrichtung und fanden ihre Erfüllung in Diebstählen, Betrügereien und maßlosen Provokationen. Verordnete Medikamente wurden schlichtweg verweigert. Alles, einfach alles wurde infrage gestellt. Das Wort *Respekt* war völlig fremd, Wertschätzung eine unbekannte Größe. Erschreckend war für mich außerdem, dass einige Jugendliche abgedroschene Hitler-Parolen durch das Schulgebäude brüllten. Andere waren völlig eingeschüchtert, hatten Tränen in den Augen und konnten mit dem neu entstandenen Chaos überhaupt nicht umgehen.

Aus der Leitungsetage kam, außer gelegentlicher Durchhalteparolen, überhaupt keine Unterstützung. Probleme wurden elegant heruntergespielt und das völlig überforderte Büroteam versteckte sich lieber hinter verschlossenen Türen. Ich glaube, in dieser Zeit wurde der meiste Kaffee überhaupt getrunken. Es gab ja schon den beliebten Westkaffee. Der Klassenfeind wurde zum bittersüßen Kaffeefreund.

So hatten die verantwortlichen Erzieher und die ihnen anvertrauten Kinder wenig Ahnung, wohin die Reise gehen würde. Es gab kein wirkliches Konzept. Von gut will ich gar nicht erst reden. Unsicherheit, Angst und Ohnmacht begleiteten den Alltag auf absolut erschreckende Weise. Es dauerte viele Monate, bis sich halbwegs normale Verhältnisse einstellten. Auf der anderen Seite explodierten - im positiven Sinne - die Stadt und unsere Region. Zahlreiche Geschäfte, Cafés, Videotheken und so weiter wurden eröffnet. Ich hatte lange nicht mehr solch eine Hoffnung und so viel Glanz in den Gesichtern und Augen der Menschen gesehen. Ich hatte das

Gefühl, mit jedem Tag wurde alles bunter, schöner und freundlicher. Endlich, endlich durfte man in das westliche Deutschland reisen, in das *gelobte Land.* Eigenartigerweise waren gerade die ehemaligen politisch treuen SED-Genossen am schnellsten von allen dahin unterwegs und holten sich ganz vorbildlich ihr Begrüßungsgeld ab. Später schwärmten dann genau diese treuen Gefolgsleute vom goldenen Westen und fuhren dann geschwind nach Bayern, weil dort noch einmal Begrüßungsgeld ausgezahlt wurde.

Die strenge Heimerziehung hatte eine kleine Pause eingelegt. Das war ganz angenehm. Auch unsere Kinder und Jugendlichen bekamen nun viel öfter Besuch von ihren Eltern, Verwandten oder Bekannten. Das war gut und völlig in Ordnung, zumal es die tägliche Arbeit der Erzieher und Mitarbeiter etwas erleichterte. Nur für Thomas lief es gar nicht so gut. Thomas bekam ohnehin nie Besuch. Der Junge war gerade 14 Jahre alt und ein typisches Scheidungskind. Ich mache es kurz. Der mal wieder neue Stiefvater kam mit seinem neuen Zwangssohn Thomas überhaupt nicht klar. Ein nicht unbekanntes Problem. Der ach so ungezogene Thomas zerstöre angeblich die tolle Beziehung des frischen und so immens glücklichen Pärchens. So ungefähr war der Wortlaut des mangelhaft qualifizierten Stiefvaters und gleichzeitig unreflektierten selbsternannten Hobbypädagogen. Die billig aufgepimpte Mutter von Thomas nickte alles ab, was ihr neuer Lover so herumschwadronierte. Ihr widerlich riechendes Parfüm, vermutlich eine kostenlose Beigabe zu fünfzig Stangen uranverseuchter Kippen an der Oder-Neiße-Friedensgrenze, verursachte bei mir einen ähnlichen Brechreiz, wie der Mundgeruch ihres Neugatten. So konnte ich nicht mehr durch die Nase atmen. Diese *wahnsinnig tolle Frau und Mutter des Jahres* mit ihren langen Plastikfingernägeln, die mir schon beim Hingucken eine leichte Furcht vor Infektionskrankheiten bereiteten, hatte nichts weiter zu tun, als ausschließlich negative Verhaltenseigenschaften ihres Sohnes aufzuzählen. Sie beendete ihre wenig netten Ausführungen ständig mit der Äußerung: »Wie sein Vater, wie sein Vater, genauso hirnverbrannt wie sein Vater!«

Ich dagegen wusste, Thomas hatte seinen Erzeuger niemals kennengelernt. So fand die nette Frau mit ihren suboptimal gefärbten Haaren die perfekte Lösung: Da ihr Sohn immer so böse war, musste er ins Kinderheim, basta!

Für mich ist so etwas bis heute unbegreiflich. Ich hatte Thomas in jener Zeit völlig anders in Erinnerung. Der hagere Junge wirkte auf mich eher verschlossen und introvertiert. Ich hatte keinerlei Probleme mit ihm. Thomas zog sein Ding durch und lachte über meinen schwarzen Humor.

Übrigens, Post bekam der kleine Tommi nur selten. Ab und zu verschickte seine schmeichelhafte Mutter verdächtige Grußkarten mit dubiosen Absendern. Als ich dem kleinen Mann eine der Nachrichten überbrachte, erschrak er kurz und nuschelte mit zittriger Stimme: »So ein Mist. Da wurde die Alte wieder erwischt und sitzt im Knast.«

Das stimmte auffallend genau. Der Stempel der Gitter-Institution brannte mir zu deutlich im Auge. Heute weiß ich, dass die Inhaftierten im Strafvollzug angehalten werden, ihren Kindern Postkarten und Briefe zu schreiben. Zumindest diese

Erziehungsaufgabe erfüllte diese »Bilderbuch-Mutter« pflichtbewusst. Doch leider reichte diese gute Tat nicht aus, um den JVA-Blumenstrauß der Woche abzugreifen. Was für eine bodenlose Gemeinheit.

Aber auch Tommi bekam, wer hätte das gedacht, nach der Wende Besuch: von seiner ihn liebenden Frau Mama und dem gerade aktuellen Stiefpapa. Das glückliche Liebespaar tätigte unter anderem einen Abstecher in Richtung Heimleitung. Die fürsorglichen Eltern benötigten vor allem den neuen Personalausweis von Thomas. Ja warum eigentlich? Nach einer halben Stunde trat das strahlend lächelnde Pärchen die Abreise an. Zwei Tage später tauchten die beiden wieder im Heim auf. Im Gepäck den Ausweis von Thomas und eine Tafel Milka-Alpenschokolade. Für ihren Goldjungen schließlich nur das Beste und nicht etwa irgendwelchen Plunder aus dem Discounter. Nein, es war tatsächlich die gute Milka. Naiv wie ich war, dachte ich noch: *Oh, da geht ja vielleicht etwas im Bereich Familienzusammenführung.* Denn damals hatte ich noch Visionen und war bestimmt kein schwererziehbarer Erzieher. Aber leider war dieser kurze Moment der Hoffnung nichts weiter als ein fataler Irrtum meinerseits. Das Traumpaar hatte sich mit dem Ausweis von Thomas dessen Begrüßungsgeld besorgt und ganz spendabel auch für ihn eine Tafel Schokolade gekauft. Von den 100 DM eine Tafel Milka. Doch so viel? Nach dieser Aktion habe ich die *Milka-Connection* nie wiedergesehen, und ich hoffte damals kurzzeitig, diese zwei herzlosen Gestalten sollten doch bitte schön irgendwo elendig in der Gosse verenden. Thomas bekam auch nie wieder Besuch von irgendjemand. Das treibt mir nach wie vor manchmal Zornestränen in die Augen, wenn ich daran denke.

Mit 15 Lebensjahren startete Thomas dann so richtig durch, nämlich mit seiner kriminellen Laufbahn. In zahlreichen Entweichungen aus dem Heim lernte er die wirklich harten Jungs kennen, seine neue Familie, wie er sie nannte. Mit Fahrraddiebstählen fing es an, dann folgten Motorräder und später Autos. Kleine Geschäfte wurden ausgeraubt. Hehlerware wurde billig zu Geld gemacht. Die Polizei kam langsam, aber sicher an ihre Belastungsgrenze. Es gab keine Woche, in der die kriminelle Bande von Thomas nicht zuschlug. Thomas war immer noch bei uns registriert und ständig abgängig. Fast täglich klingelte das Telefon. Die besorgniserregenden Meldungen schockierten mich immer mehr, und ich war mit meinen Nerven am Ende. Ich war ständig aufgewühlt, in großer Sorge und konnte kaum schlafen, zumal ich gerade glücklicher und stolzer Vater eines kleinen Sohnes geworden war.

Als die Bande mit familienähnlichem Charakter das Computerkabinett einer Schule plünderte, wusste ich, jetzt ist es zu spät. Oder doch nicht? Diese Gedanken kamen mir im Krankenhaus. Ich hatte Thomas dort besucht, nachdem er bei einem Verkehrsunfall, als Ergebnis einer Verfolgungsjagd mit der Polizei, mit ausgeschlagenen Zähnen vor mir in einem Klinikbett lag. Sein Gesicht konnte ich durch die vielen Abschürfungen kaum erkennen. Seine neue Familie hatte ihn einfach schwerverletzt im geklauten Auto liegengelassen. Was für verdammte Arschgeigen! Als Thomas wieder kauen und halbwegs reden konnte und weitestgehend fit war, türmte er aus dem Krankenhaus und bekam weitere Aufträge vom selbstsüchtigen Boss seiner Verbrecherbande. Hilflos stand ich der Situation gegenüber. Der Junge konnte einfach jedes Schloss knacken. Er war ein Naturtalent. Jeder Schlüsseldienst hätte seine Freude an ihm gehabt, denn so etwas konnte man vermutlich keinem so leicht beibringen. Schließlich brachte es Thomas sogar bis zu Banküberfällen. Als das Dutzend voll war, machte ich mir nicht mehr die Mühe mitzuzählen. Es sollen am Ende wohl über 20 Banküberfälle gewesen sein. Thomas trug immer die Maske mit dem Gesicht von Helmut Kohl. Wie langweilig. Er hätte ja mal wechseln können. Diese Maske wurde ihm dann auch zum Verhängnis. Es dauerte nur einige Wochen, dann wurde er geschnappt.

Ich besuchte alle Gerichtsverhandlungen. Wahnsinn, was dort alles zur Sprache kam. Thomas packte aus. Als er seine Straftaten bis ins kleinste Teil erörterte, spielte mein flatternder Kreislauf »Thunder« von der Band AC/DC, übrigens sehr zum Unbehagen des verständnisvollen Strafverteidigers. Thomas bekam drei Jahre Jugendhaft. Anschließend habe ich lange, sehr lange nichts mehr von ihm gehört.

Also, ich glaube bis heute nicht, dass die Tafel Milka-Schokolade der Ausgangspunkt für eine kriminelle Karriere war. Nur bei Thomas war es eben ein auffälliger Wendepunkt. Er hatte nie die Chance, eine liebevolle Familie kennenzulernen. Einfach furchtbar! Durch meine Recherche in den sozialen Netzwerken hatte ich eines Tages erfahren, dass Thomas Ende der 90er Jahre auf offener Straße von seiner

Möchtegern-Mafia erschossen wurde. Angeblich ein gezielter Bauchschuss. *Milka macht das Leben ganz schön traurig*, dachte ich damals betrübt.

Ich habe bis heute etliche meiner ehemaligen Klienten im Gefängnis besucht. Viele haben ihre zweite, dritte, vierte oder fünfte Chance genutzt und laufen wieder halbwegs gerade. Einige blieben jedoch unverbesserlich und wurden immer wieder auffällig und kriminell. Über das Leben in einer Justizvollzugsanstalt habe ich wenig erfahren, denn die meisten meiner anvertrauten Jugendlichen schweigen oder sind Weltmeister im Verdrängen. Einer der Jungs sagte mir mal, er sei froh, dass der Knast seine kriminelle Laufbahn gestoppt habe. Sonst wäre er bestimmt zum Mörder geworden.

Thomas dagegen wurde selbst ermordet. Ich werde ihn nicht vergessen. *Game over* mit gerade 18 Jahren. Unvorstellbar!

Jedes Mal, wenn ich Milka-Schokolade esse, muss ich an Thomas denken. Und ich futtere dieses Zeug beinahe tagtäglich. Diese Verkettung von Begrüßungsgeld, Milka-Schokolade und Helmut Kohl-Maske ist schon sehr speziell.

3. Heiße Pommes

Ich erzähle Ihnen bestimmt nichts Neues, dass, wenn man mit Jugendlichen zusammenarbeitet und viel Zeit mit ihnen verbringt, man selbst einfach jünger und cooler draufbleibt. Ein positiver Nebeneffekt dabei ist außerdem, dass es genügend Momente gibt, in denen man viel zu lachen hat und dadurch das Immunsystem ordentlich angeheizt wird. Humor ist gerade in unserer schnellen und verrückten Zeit sehr wichtig. Selbst schwarzer Humor kann liebevoll provozieren und gleichzeitig zu cleveren Deeskalationen führen. Es liegt mir fern, mich über einzelne Kinder und Jugendliche lustig zu machen, nur hin und wieder ein heimliches Grinsen darf und muss erlaubt sein. Und auch Sie sollen über die folgende Geschichte schmunzeln ...

Es gab einen Jungen, ich nenne ihn Marcello, er war - wenn ich es nett formuliere - einfach gestrickt und im intellektuellen Bereich sehr schlicht unterwegs oder anders gesagt, beim Nachdenken übertrieb es dieser junge Mensch nur selten. Trotzdem war er mir sympathisch. Marcello wurde in armseligen Verhältnissen geboren. Seine Mutter war an einer Krebserkrankung gestorben, und sein Vater saß zu jener Zeit eine Haftstrafe ab.

Es war an einem Freitagnachmittag. Ich wollte mich eigentlich schon ins Wochenende verabschieden, als ich einen Anruf erhielt, der beinhaltete, ich solle den kleinen Marcello aus Kleinkleckersdorf einsammeln und zu uns in die Einrichtung bringen. Das Kind sei völlig auf sich allein gestellt und verstecke sich schon seit einiger Zeit geschickt vor dem verantwortlichen Jugendamt. Als ich Marcello abholte, saß er unmotiviert in einer Ecke und verweigerte sich dem schwererziehbaren Erzieher. Was für eine Unverschämtheit! In seinen Haaren spielten ganze Volksstämme von Läusen American Football und zwischen seinen Fingern wucherte die Krätze so dermaßen, dass ich Angst hatte, Marcello stünde kurz vor der Mutation zum Endgegner irgendeines Comic-Superhelden. Ich stammelte entschlossen und vorsichtig genervt: »Hallo Marcello, entschuldige, dass ich nicht besser aussehe, aber ich möchte dich gern abholen.« Sichtlich verwundert, glotzte mich der Junge an. Ich brauchte zwanzig Minuten, und das verwirrte Läuseköpfchen saß bei mir im Auto. *Nicht so schlecht*, dachte ich.

Nach der dringend notwendigen medizinischen Behandlung kamen wir gut ins Gespräch. Es gab den üblichen Stress, da der kleine Mann nicht krankenversichert war. Wir sprachen über Land und Leute, aber vor allem über Motorräder und Autos. Es dauerte aber einige Tage, bis sich dieser entzückende Rotzlöffel auf den schwererziehbaren Erzieher einließ. Ganz träge tuckerte der Beziehungsaufbau vor sich hin. Dank moderner Medizin, Wasser, Seife und einem leistungsstarken Hochdruckreiniger (Spaß), wurde der kleine Mann bald von Läusen, Krätze und mit Sicherheit einigen noch unbekannten Bakterien befreit. Das Team meiner Wohngruppe machte einen guten Job.

Mit der akribisch durchgeplanten Heimstruktur kam der kleine Marcello überraschenderweise ganz gut zurecht.

Irgendwann gehörte er zu den beliebten Bewohnern unserer Einrichtung und zeigte mir selbstbewusst, was er so draufhatte. Während der geplanten Hausaufgabenzeit sollte Marcello ganz einfache Berechnungen der Adam-Riese-Mathematik bewerkstelligen. Aufgaben wie 13 mal 3 und 14 mal 4, also nicht ganz das kleine Einmaleins. Dieser Held besuchte doch tatsächlich die fünfte Klasse unserer Heimschule. Voller Stolz erklärte er mir, dass er für die Bewältigung dieser Hammer-Aufgaben unbedingt seinen Taschenrechner benutzen müsste. Na gut, dachte ich mir und sagte: »Junge, die Aufgaben sind recht einfach, die schaffst du echt ohne Taschenrechner.«

Aber Marcello bestand auf die Nutzung des Taschenrechners. Sein Lehrer habe ja schließlich grünes Licht gegeben. So kam es, dass mir Marcello nach zehn Minuten die Ergebnisse präsentierte. Die Schrift war sehr gewöhnungsbedürftig und die Ergebnisse der absolute Knaller. Da war 13 x 3 = 33,13 und 14 x 4 = 105,31 usw.

Ich fragte: »Marcello, was ist denn hier los? Und wie kommst du auf diese erstaunlichen und ungewöhnlichen Ergebnisse?«

Da meinte er ganz stolz: »Das ist alles richtig! Ich hab´s mit dem Taschenrechner ausgerechnet.«

Bumm, erledigt und das Thema war für ihn durch. Ich habe bis heute keine Ahnung, wie Marcello auf diese Ergebnisse gekommen war. Entweder war Marcello ein außergewöhnliches Genie oder der Taschenrechner war eine Beta-Version. Um alles etwas zu überspielen, stellte ich meinem Musterschüler ein paar Fragen zum Gehirnjogging.

Ich: »Marcello, was für eine Jahreszeit haben wir?«

Marcello: »Was ist denn das für eine dämliche Frage? Es ist natürlich kalt!«

Ich: »Marcello, was für ein Eis magst du?«

Marcello: »Blau, wie immer.«

Ich hielt eine Tafel Ritter-Sport hoch und fragte: »Marcello, was für eine Schokolade ist das?«

Antwort: »Meine, und die wird auch gleich vernichtet!«

Fazit, der eigenartig funktionierende Taschenrechner war nicht besorgniserregend. Die Antworten von Marcello dagegen...

»Welches Tier legt seine Eier in fremde Nester?«, schob ich noch eine Frage nach.

Antwort: »Wollen Sie mich verarschen? Der Osterhase, wer sonst?«

Er mochte übrigens keinen Senf. Gab es zum Mittagessen Kartoffeln mit Senfsoße und Ei, wollte der Junge nichts essen. Unsere taffe Küchenmutti trickste ihn deswegen gezielt aus. Sie sagte ihm immer: »Marcello, für dich habe ich die Portion nicht mit Senf, sondern mit Mostrich zubereitet.« So wurde Marcello glücklich gemacht und holte sich jedes Mal Nachschlag. Von wegen, derselbe Trick funktioniert nicht zwei Mal hintereinander! In diesem Fall hat er mindestens 20 Mal hintereinander funktioniert.

Marcello hatte auch stets gute Sprüche in außergewöhnlichen Situationen auf Lager. Als seine Wohngruppe an einem Wochenende einen Ausflug nach Erfurt zur Bundesgartenausstellung unternahm, fragte ich ihn anschließend, wie er den Ausflug fand. Marcello dachte kurz nach und antwortete: »War totale Scheiße! Heiße Pommes gefressen und voll die Schnauze verbrannt! Aber die Waschräume und das WC waren sauber und okay. Weil, aus Hackepeter wird Kacke später.«

Das war zusammengefasst Marcellos Eindruck von der kompletten Bundesgartenschau. Und das in seiner Aussage steckende Urteil wurde auch von anderen Kindern geteilt. Warum müssen die Pommes immer so heiß sein?

Im Alter von 15 Jahren schlug auch bei Marcello die Pubertät zu. Er konnte die Erzieher ordentlich beschäftigen. Eigenartig, nervig und vor allem zeitaufwendig war der Umstand, dass sich Marcello regelmäßig vor den Sommerferien Knochenbrüche oder Bänderrisse zuzog. Seine schlanke Super-Model-Figur wurde bei zahlreichen sportlichen Spielen oft in Mitleidenschaft gezogen, da er immer mit voller Leidenschaft spielte. Seine Füße zierten unzählige Operationsnarben. Sein spezieller Laufstil brachte Marcello den Beinamen »Watschel« ein. Sicher, es gibt lustigere Spitznamen. Bis heute spielt er leidenschaftlich gern Fußball. Natürlich nur in der 8. Liga bei Rote-Rübe Rumpelsdorf, aber wer einmal Fußball gespielt hat, der weiß, dass es dort ordentlich zur Sache geht. Das tut schon beim Hingucken weh.

Zwei Mal ist Marcello aus dem dritten Stock gefallen. Der sportliche Überflieger nahm sich hin und wieder die Freiheit, nachts sein Zimmer über den speziellen Fahrstuhl namens Dachrinne zu verlassen, um sich in der Stadt mit Mädchen zu treffen oder sich im Swimmingpool ein kostenloses Wellness-Nackt-Vollbad bei Mondenschein zu gönnen. Ab und zu war der Rückweg schmerzhaft, da die Dachrinne keine Haltegriffe hatte und auch bis zum heutigen Tage nicht hat. Darüber beschwerte sich Marcello dann später immer bei mir.

So trug es sich zu, dass der kleine Ausreißer einmal aus der dritten Etage stürzte, und die darunterliegende Hecke den Sturz nicht abfangen konnte. Marcello schleppte sich wie der Bruder von Rumpelstilzchen unauffällig ins Bett und ich bemerkte zunächst nichts. Auch ein schwererziehbarer Erzieher benötigt seinen wirkungslosen Schönheitsschlaf.

Am darauffolgenden Morgen präsentierte er mir stolz seine Verletzungen und zeigte mir, wie er sich trotz Knochenbruch und Bänderabriss ins Bett gekämpft hatte. Eines seiner Beine sah aus wie eine mehrfarbige chinesische Spezialität, welche aus einer Bärenfalle herausgeschnitten wurde. Ich fand das gar nicht lustig. Am liebsten hätte ich dem kleinen Ausreißer in den Hintern getreten, um ihm die Flausen aus dem Kopf zu katapultieren. Eigentlich viel zu spät sind wir dann in die Notaufnahme gefahren. Dort gehörte unser »Watschel« mittlerweile schon zum Inventar.

Ein anderes Mal war er mit einem Bänderriss noch die Strecke von 15 km zu seiner Freundin gelaufen. Er nannte es: »Behinderten-Ironman«. Marcello verfügte über einen exquisiten Galgenhumor. Das musste man ihm lassen. Die Liebe, oder was auch immer, machte eben alles möglich. Ich hoffte nur, es hatte sich gelohnt. Wenn ich daran denke, bekomme ich heute noch ungemütliche Alpträume – andererseits amüsieren mich diese Abenteuer auch.

Heute arbeitet Marcello bei einer großen Dienstleistungsfirma, hat eine Ausbildung gemacht, besitzt den Führerschein und lebt glücklich mit Frau und drei Kindern. In allererster Linie ist Marcello für mich ein konsequent aufgedrehter Lebenskünstler, der sich wie ein verletzter Akrobat durch eine verrückte Welt ohne Haltegriffe balanciert. Ein Mensch, der trotz vieler Defizite sein Leben irgendwie meistert.

Auch hier hat die Macht der »Resilienz« bewiesen, dass sich Kinder aus schwierigen Verhältnissen und Umständen befreien und entgegen vieler Erwartungen gut entwickeln können. Es dauert manchmal nur etwas länger. Marcello unterstützt mich heute bei meinen sozialen Trainingskursen. Ich bin sehr stolz auf seine Entwicklung, vor allem auf das, was er bis jetzt erreicht hat. Marcello und ich halten Kontakt durch die sozialen Netzwerke und sind beide glücklich darüber, uns kennengelernt zu haben.

Marcello, ich wünsche dir für die weitere Zukunft alles Gute. Ich werde dich so schnell nicht vergessen. Das kannst du mir glauben.

4. Der bissige Feuer-Fuchs

Der Start in die Woche beginnt wie üblich am ungeliebten Montag. Da sind die wenigsten Menschen einhundertprozentig motiviert für Stress und Arbeit. Das ist in einem Kinderheim nicht anders ...

So fing auch der Montag, über den ich hier erzählen will, mit dem ganz normalen Wahnsinn an: Wecken der »niedlichen, auffallenden Goldstücke« und begleiten zur heißgeliebten Schule. Richtig Lust auf diese hatte allerdings keiner meiner anvertrauten Helden. Die Selbstmotivation war in Richtung null unterwegs. Mein Bauchgefühl trommelte Alarm. Auf das kann ich mich meistens verlassen. Ich spürte irgendwie, heute würde es knallen. Die Gruppe der pubertären Helden war noch lange nicht zusammengewachsen, die Hackordnung noch nicht festgelegt, und so gab es immer wieder kleinere Revierkämpfe zwischen den Halbstarken. Außerdem schlurften sie motivationslos mit einer Hackfresse durch die Einrichtung, dagegen war jeder Zombiefilm eine Komödie vom Feinsten. Es war einfach erschreckend. Die ständigen verbalen und körperlichen Auseinandersetzungen waren mehr als nervig. Ich konnte das Endorphin und Testosteron förmlich riechen, gepaart mit einem Aroma, welches man ansonsten nur häufig in den Hausfluren von Plattenbau-Sozialsiedlungen in irgendwelchen Großstadt-Molochs vorfindet. Keiner meiner anvertrauten Helden ging mit einem Lächeln in die Schule.

Auch die heimliche Zigarette konnte da keine Abhilfe leisten und das Thema Drogen stand erfreulicherweise noch nicht auf der Tagesordnung.

Was für ein Glücksfall, dachte ich ironisch.

Fred, der Feuerkopf, war körperlich der Schwächste im Rudel der Wölfe. Dazu kam sein äußeres Erscheinungsbild: ein Meer aus Sommersprossen, extrem eigenwilliges, drahtiges rotes Haar und sein Boris-Becker-Outfit.

Warum eigentlich ist Schönheit die schlimmste soziale Ungerechtigkeit? Ich weiß nicht, wie viel Spott und Verachtung der rote Fred aushalten musste.

Fred war damals ein ganz typisches Kind, welches im Kinderheim völlig deplatziert war. Er benötigte nicht unbedingt eine superintakte Familie, sondern eine liebevolle, vor allem einen Vater mit viel Verständnis und natürlichem Einfühlungsvermögen. Doch so etwas hatte Fred leider nie erlebt. So erzählte der kleine Rotschopf tolle Geschichten und Abenteuer über einen Vater, den es in Wirklichkeit so niemals gegeben hatte. Bedauerlich, aber leider nicht untypisch. Er kannte seinen Erzeuger überhaupt nicht. Zu jener Zeit ahnte ich noch nicht, dass aus diesem feurigen Fuchs ein harter und bissiger Hund werden würde. Heute ist es mir völlig klar: Ich hatte die Situation damals aber sowas von falsch eingeschätzt und einfach saublöd überreagiert.

Feuer-Fred hatte jedenfalls keinen Bock auf Schule. Das kann ich aus heutiger Sicht völlig nachvollziehen. Was mir damals allerdings nicht klar war: Fred wurde ständig gehänselt und tyrannisiert, er wurde geschlagen und wie eine WC-Ente ins Klo gesteckt. Einfach ekelhaft. Unter den Rivalen lief das volle Programm ab. Der kleine Fred entwickelte sich zum ungeliebten Prügelknaben. Traurig, aber wahr. Die Bezeichnung »Mobbing« war damals noch nicht geläufig.

Arschlöcher gibt es überall, und ich hatte keine Ahnung, was der Junge durchmachen musste. So kam es, dass ich in einer überdrehten und dummen Aktion Fred unbedingt zum Schulbesuch motivieren wollte. Natürlich ohne jegliche Chance. Gegen die Motivation eines Menschen zu arbeiten, funktioniert zu 99,9 Prozent überhaupt nicht.

Ich, als plumper Rambo-Pädagoge, hatte kein Verständnis für akutes Schulschwänzen. Damals war ich mir noch nicht im Klaren darüber, dass ich ein schwererziehbarer Erzieher bin. Also sagte ich - Kraft meiner Gemüsebrühe - zum Feuer-Fuchs: »Freddy, du bist der letzte, komm Avanti-Galoppi, sonst kommst du zu spät.« Es kam noch ein blöder Spruch von mir, aber Fred reagierte nicht. Da sagte ich schon deutlich lauter: »Hallo, hallo Freddy, auf geht's in die Schule des Überlebens.«

Doch Feuer-Fred blieb zusammengekauert auf seiner Liege im Zimmer zurück. Kein Wort von ihm, er war der große Schweiger. So verhielt ich mich wie ein langweiliger und dusseliger, schwererziehbarer Erzieher und erdreistete mich nachzufragen: »Warum, warum nur willst du nicht in die Schule?« Ich legte noch nach: »Fred! Warum nicht?«

Auf einmal sah er zu mir hoch und schrie mich an: »Ich muss erst noch in den Wald, meiner Großmutter Kuchen und Wein bringen.«

Also zumindest kreativ ist er, dachte ich. Leider genügte das nicht, um mich zu alarmieren. Freddy hatte bei mir genau den berühmten Knopf der Provokation gedrückt, und ich wollte nicht mehr diskutieren. Ich packte ihn am Arm. Ein ganz böser Fehler. Als ich anschließend meinen feurigen Fred zur Tür ziehen wollte, fand ich die Situation noch ganz lustig. Aber dann knallte es mächtig, und es war leider nicht die Tür. Fred tat etwas, womit ich überhaupt nicht gerechnet hätte und was die Dreharbeiten abrupt zum Stillstand brachte: Er hämmerte mir seine Faust ins Gesicht.

Bumm, Treffer! Ich merkte gleich, wie mein linkes Auge brannte und langsam anschwoll. Ich brüllte wie eine akustische Diarrhö: »Hey, was ist hier los, hast du einen Knall, oder was?«

Aber Fred war noch lange nicht fertig mit mir. Er tauchte geschickt ab und biss mir volles Kanonenrohr in den Oberschenkel. Ich schrie vor Schmerz, als wenn ich in eine verrostete Rattenfalle getreten wäre. Die Zähne von Fred glichen zwar eher einem zerbombten Steinbruch, befanden sich also in einem Zustand wie Berlin `45, doch in diesem Moment hatten sie eine exzellente Arbeit abgeliefert. Sein klappriges Gebiss verhakte sich in meinem rechten Oberschenkel, was mich zu der panischen Überlegung führte, wie lange meine letzte Tetanus-Impfung zurücklag.

Die Narbe von Freddys Beißattacke habe ich heute noch. Sie ziert mein Bein, wie eine unschöne Tätowierung, die man nie wieder loswird.

Ein nicht endender, tiefer Schmerz durchflutete meinen Körper. Ich kriegte Angstzustände, wurde fast ohnmächtig und kam mir vor, wie das Frühstück eines ausgehungerten Urzeit-Neandertalers, der sich die letzten 130.000 Jahre erfolgreich im Südharz versteckt hielt.

Wie sollte ich mich befreien? Mit letzter Kraft schlang ich meine Arme um den Hals von Fred und drückte wie ein Irrer zu. Er bekam sicher keine Luft mehr, als ich seine Sauerstoffzufuhr schmerzhaft abdrehte.

Fred fing an zu heulen, und auch ich hatte Tränen in den Augen.

Ach du Scheiße, dachte ich, *warum muss mir so etwas passieren?*

Wie mein Feuer-Fuchs so am Boden lag, tat er mir auf einmal richtig leid. Fred sagte mit einer sehr weinerlichen Stimme: »Sorry, das wollte ich nicht, aber in die verfluchte Schule gehe ich nie wieder.« Er jammerte wie ein angeschossenes Streifenhörnchen.

Meine Hose dagegen war ordentlich durchgebissen. Freddys Zähne, oder was man dafür hielt, hatten erstaunlicherweise gute Arbeit geleistet.

Fred blutete aus dem Mund. Ich schaute dem Feuer-Fuchs in die Zerkleinerungsanlage. Oh je, das sah böse aus. Ich konnte nur schwarze, abgebrochene Stifte erkennen. Aber die zwei grünen Zähne, die so komisch zischten, machten mir Angst. Falls ich jetzt eine Blutvergiftung bekäme, hätte mich das nicht verwundert. Das kannte ich aus dem Kampfsport: Mike Tyson und das leckere Ohrläppchen des Evander Holyfield.

Nein, dachte ich, *nein, bitte nicht.*

Ich fuhr mit Fred ins Krankenhaus. Wir machten uns gegenseitig immer wieder Mut. Was für eine paradoxe Ironie. Im Krankenhaus scherzten die netten Krankenschwestern: »Na, einen animalischen Sexunfall mit ihrer Frau gehabt?«

»Na ja«, murmelte ich, »ganz knapp daneben. Die Familienplanung blieb zum Glück unverletzt.«

Franky, der Krankenpfleger, sagte schmunzelnd: »Aber das schauen wir uns vorsichtshalber erstmal ganz genau an.«

Franky, diese Großfresse! Ich hatte ihm vor einiger Zeit mein Fahrrad geschenkt, und er vermietete die grüne Bergziege seither gefühlte 1000 Mal weiter und machte ein kleines Vermögen damit. Aber das nur am Rande.

Ich bekam übrigens keine Blutvergiftung, nur einen tollen Eisbeutel. Freddy bekam eine Gebisssanierung und ein paar neue, amalgamfreie Stiftzähne. Bald sollte er wieder mit einem gesunden Lächeln in die Schule gehen. Es musste eben immer erst irgendetwas passieren.

Mir stand noch das Ausfüllen des Unfallberichtes bevor. Wie sollte ich den schreiben und den Biss vom Feuer-Fuchs so formulieren, dass es glaubhaft klang, ohne Fred zu schaden? Mir fiel dahingehend nichts ein, also habe ich das Drehbuch etwas abgewandelt. Aber das eindringlichste Erlebnis sollte noch kommen ...

Als ich zur nächsten »Morgen-Andacht« unserem damaligen Heimleiter die Story von Fred erzählte und ihn fragte, wie ich mich besser hätte verhalten sollen, antwortete »The Spezial One«, wie ich ihn hinter vorgehaltener Hand nannte, um nicht abgedroschen zu sagen »Herr Neunmalklug«, einen bemerkenswerten Satz, den ich nie vergessen sollte: »Ja, das ist wie beim Bäcker. Die einen Brötchen gelingen und werden etwas, und die anderen werden eben nichts. Verbrennen so ein bisschen und keiner will sie haben.« Anschließend sah er künstlich gehetzt auf seine Uhr, während er mich aus seinem Büro dirigierte, und fügte noch an: »Und jetzt entschuldigen Sie mich, ich habe gleich noch ein wichtiges Telefonat.« Zack, Tür zu!

Ach nee, dachte ich. *Keiner will sie haben, ein richtig guter Buchtitel.*

Damit war das Thema für ihn durch. Zumindest habe ich danach angefangen, einige pädagogische Mitarbeiter kritisch zu hinterfragen, denn ich, der schwererziehbare Erzieher, war mal wieder sprachlos. So stand ich allein im Durchzug und fand zum Glück über die Zeit irgendwie ein glühendes Drähtchen zum feurigen Fred.

Mit entsprechendem Abstand kann ich heute über die Aktion Feuer-Fuchs durchaus schmunzeln. Auch Fred kann bestimmt mittlerweile herzhaft darüber lachen. Mit ein paar neuen Zähnen ist dieser Vorgang meistens auch viel angenehmer für alle Beteiligten.

Fred und ich sind über Facebook befreundet und schreiben uns zu Feiertagen wertschätzende Zeilen. Das finde ich gut. Nur der Zahnarzt, der ihn damals behandelte, ist heute noch schockiert. So eine gruselige, aber nichtsdestotrotz lebendige Mundhöhle hatte der gute Mann nur selten gesehen.

Zurzeit hat Freddy sechs Zähne. Drei davon sind echt und die anderen drei verschwinden in der Hosentasche. Diese werden nur zu den Mahlzeiten eingesetzt. Für ihn kein Problem. Also immer schön die Zähne putzen. Fred arbeitet als Schäfer und ist im Leben angekommen. Übrigens sein Traumberuf. Respekt und herzlichen Glückwunsch!

Freddy, auch wenn es mal schwer wird, beiß die Zähne zusammen und kämpfe dich da durch. Du kannst das, den Beweis hast Du ja erbracht.

»Schönheit ist die SCHLIMMSTE soziale Ungerechtigkeit.«
(Karl Lagerfeld)

5. Die Entstehung von Hitlers Schwester

Ich glaube, diese Geschichte ereignete sich in den aufstrebenden Zeiten. Damit meine ich einige Jahre nach der politischen Wende in der ehemaligen DDR.

Durch eine nette Geste unserer Heimleitung waren wir plötzlich stolze Besitzer einer ganzen Reihe multifunktionaler Baumarktfahrräder. Sorry, ich kann den sarkastischen Unterton nicht verbergen, da sich diese Fahrräder bald als Selbstmordgeschosse herausstellten, zumindest bei der Fahrweise einzelner Personen unseres Kinderheimes. Da ich selbst ein leidenschaftlicher Fahrradfahrer bin, weiß ich spätestens heute, was ein gutes Bike ausmacht. Ich erwarte ja keine Spitzenqualität, wie *Steppenwolf* oder *Cube*, aber es kann nicht sein, dass sich billige Vehikel aus dem Discounter bei geringsten Erschütterungen zu »Fucking-Kamikaze-Harakiri-Geschossen« verwandeln, wie so viele Dinge in der Marktwirtschaft. Es sieht gut aus, taugt aber nichts.

Natürlich waren unsere Kinder und Jugendlichen von den gesponserten »Feuerstühlen« erstmal sehr begeistert. Sie hatten noch nie ein eigenes Fahrrad besessen und wenn doch, hatten sie es meistens gegen ein paar Pillen oder Spritzen eingetauscht, oder es lag irgendwo in einem erbärmlichen Zustand herum, um später die Reise zum Schrottplatz anzutreten, denn dort gab es wenigstens noch ein paar Pfennige Bares dafür. Das galt auch für unsere gefährlichen Baumarktmodelle.

Voller Optimismus hatte ich für ein Wochenende diese Dinger für meine Gruppe reserviert. Und ganz nebenbei war ich mal wieder schlecht vorbereitet, denn ich hatte in vorbildlicher Weise keine Sanitätertasche dabei. Bevor ich mit den mir anvertrauten Jungs und Mädchen starten konnte, durften wir die guten Räder erst einmal überprüfen und auf alle Funktionen testen. Das erinnerte mich an meine Armeezeit und war natürlich nie verkehrt. *KDVE* oder *Kontrolldurchsicht vor dem Einsatz* hieß es bei uns.

So nutzte ich die Zeit, um die Schaltungen und vor allem die Bremsen zu überprüfen. Mit meiner heutigen Erfahrung würde ich sagen: »Wir können fahren, aber ich übernehme keine Verantwortung.«

Mein anerzogener Bewunderungszwang hielt sich in Grenzen. Ich hatte mich wirklich auf die Tour gefreut und wollte jetzt nicht der bockige Spielverderber sein. Meistens passiert ja nichts. Und wenn alles gut geht, dann ist es ja auch schön. Dennoch war ich eher vorsichtig optimistisch.

Dann ging es endlich los. Ich hatte eine Strecke ausgewählt, die fast ausschließlich über Feldwege und Schotterpisten ging. Da unsere Kinder bisher wenig Erfahrung mit dem Radfahren sammeln konnten, waren die Fahrkünste meiner kleinen Friedensfahrer sehr überschaubar.

Nach zwei Kilometern dachte ich nur: *Oh, oh, was wird das denn hier?* Die erste kleine Abfahrt wurde noch einigermaßen gemeistert. Doch dann kam ein sehr schmaler Pfad durch ein Waldstück. Ich hörte ein eigenartiges Geräusch und kurz danach ein lautes Quieken. Dies kam alles von einem Mädchen namens Marie. Sie war gestürzt und nahm ganz nebenbei ein erquickendes Brennnessel-Bad. Wir waren noch keine drei Kilometer vom Heim entfernt.

Marie krabbelte aus den Brennnesseln und stand zitternd vor mir. Sie erinnerte mich an die mit den Pfoten klatschenden Duracell-Karnickel aus der Werbung.

Tränen liefen über ihr Gesicht. Sie tat mir ehrlich leid, und ich dachte schon an Abbruch der »Operation Fahrradtour«. Der blanke Wahnsinn, was Brennnesseln so anrichten können. *‚Heute hätte sie sich das Schminken sparen können‘*, dachte ich. Ihr Gesicht war nach dem Sturz nicht mehr so glatt wie ein polnischer Winterreifen. Zur allgemeinen Verblüffung schluchzte Marie: »Hauptsache meine Handtasche ist nicht schmutzig geworden.«

Diese Äußerung sorgte für großes Gelächter und einige der Jungs ließen ein paar unnötige Kommentare ab. Das Gesicht von Marie hatte die Oberfläche ihrer Handtasche im klassischen Krokodil-Leder-Imitat angenommen. Solche und ähnliche Hinweise ließen einige meiner schadenfreudigen Helden ab. Kinder können grausam sein. Ich hatte aber trotzdem das Gefühl, dass alle sehr froh waren, dass Marie ansonsten wohlbehalten war. Auch der schwererziehbare Erzieher hatte und hat philanthropische Züge.

An Maries Fahrrad war nur der Lenker verbogen und die Klingel spurlos verschwunden. Aber die brauchte man ja nicht zwingend. Meine kleine Gold-Marie wollte unbedingt klingellos weiterfahren, Respekt!

Die Fahrradtour ging also weiter. Ab und zu gab es einige, ich nenne sie, sehenswerte Auffahrunfälle. Die erste ausgiebige Rast machten wir im Tierpark, um entspannt zu frühstücken. Marie wollte unbedingt die trägen Hängebauchschweine füttern. Das dickste Tier erinnere sie immer an ihren Vater, behauptete sie. Als äußerst Rücksichtsvoller, der ich an jenem Morgen war, sparte ich mir die Frage: »Warum?«

Als ich meine Truppe so betrachtete, stellte ich fest, dass alle aussahen, als hätten sie schon hundert Kilometer hinter sich und nicht fünf. Im Klartext: Wir hatten noch nicht einmal ein Drittel der Strecke geschafft. Aber ein ordentliches Frühstück kann neue Kräfte und Motivationen wecken. Und genau so war es auch. Wir fuhren munter weiter bis ins Waldbad einer kleinen Harzgemeinde. Dort angekommen stellten wir fest, dass trotz des herrlichen Wetters kein einziger Besucher im Schwimmbecken war oder auf der Wiese herumlag. Vom »head of swimming pool«, also dem Bademeister, erfuhren wir, dass das Waldbad heute zum ersten Mal in dieser Saison geöffnet hatte. Wir erhielten freien Eintritt. Der Haken an der Sache war: Die Wassertemperatur betrug stattliche zwölf Grad plus. Na immerhin! Und ich erspare Ihnen und mir jetzt den albernen uralten Kalauer, die Wassertemperatur in Zentimeter umzurechnen. Für mich als Warmduscher, genau genommen zähle ich mich zu den Heißduschern, war das Wasser jedenfalls eindeutig viel zu kalt. Aber die Jungs und Mädels meiner Biker-Gang sprangen ohne Hemmungen ins kühle Nass. Der längste Aufenthalt im Wasser belief sich auf maximal dreißig Sekunden. Das Wasser war einfach arschkalt, aber die Gruppe war unter sich, und das hatte etwas. Die üblichen pubertären Spielchen (catch me if you can) wurden mit Lust und Laune und viel Wasserspritzen praktiziert. Immer wieder gab es Wasserschlachten, Kleidungsstücke wurden versteckt und die Mädchen oben-ohne bewundert. Unmöglich, diese konsequent aufgedrehten Kerle. Zwei Stunden lang konnten die Kids herumalbern, einfach unbeschwert sein und keinen der spießigen, erwachsenen Vollpfosten störte es, weil keiner da war. Wir hatten das Waldbad mit all seinen Freiflächen nur für uns. Unfassbares Glück.

Marie, unsere prächtige Preisblondine, hatte sich mittlerweile vom Brennnesselbad gut erholt und zeigte den Jungs, wie toll sich ihr Körper entwickelt hatte. Damals buhlten alle Jungs um die Zuneigung unserer Gold-Marie. Die RTL-Show »Bachelorette« ließ grüßen.

Gut abgetrocknet fuhren wir irgendwann weiter. Vorbei an riesigen Weideflächen zum gigantisch großen Wildpark und immer wieder durch kleine, unscheinbare Wälder. Herrlich, ich hatte ein gutes Gefühl. Aber man darf ja den Tag nicht vor dem Abend loben, so hatte es jedenfalls meine skeptische Mutter immer gesagt. Die Zeit verging viel zu schnell. Später machten wir noch eine letzte Rast. Eine kleine Dorfkneipe hatte zu Bockwurst und Cola eingeladen. Jeder, der einen ganzen Tag an der frischen Luft verbracht hat, weiß, welch ein Genuss es ist, eine Bockwurst zu verschlingen und eine Cola hinunterzukippen. Einfach nur lecker. Aber dann war Schluss mit lustig. Wir hatten noch zwanzig Kilometer zu fahren. Die Kondition sank deutlich und somit auch die Konzentration.

Immer wieder gab es kleine Unfälle und unfreiwillige Abstiege. Die Hügel und Berge wurden zur Plage. Es war filmreif, wie Marie in die größte Pfütze des Tages abtauchte. Natürlich kann ein Schlammbad sehr gesund sein, muss es aber nicht. Nass und verdreckt von Zeh bis Stirn stieg das kleine Mädchen immer wieder auf das unverwüstliche Baumarktmodell, welches sich Fahrrad schimpfte.

Einer der Jungen, er trug den Spitznamen *Schlabby*, erzählte die ganze Zeit blöde »Deine-Mutter-Witze«. Einen besonders Dämlichen konnte ich mir merken. Irgendwas mit: »Lass meine Mutter aus dem Spiel, dann lass ich deine Mutter aus dem Keller.« Okay, zugegeben, der ging einigermaßen, und ich fand ihn jetzt auch nicht ganz so unwitzig. Radfahren und herzhaft lachen wurde jedenfalls koordinativ zu einer lustigen Herausforderung. *Schlabby* wurde während der Tour einstimmig zum neuen Gruppenkasper nominiert. Er sah aus wie ein dicker Pfeilgiftfrosch in Badelatschen und blubberte auf einmal ganz laut und trocken: »Ey, schaut euch mal Marie an, die sieht aus wie Hitlers krankes Meerschweinchen.«

Ich hörte den Mist und entgegnete nur: »Ey, Schlabby, was soll der Hitler-Scheiß?«

Keine zwei Minuten später sollte unglücklicherweise die Fortsetzung der Phantasiertiraden in »Hitlers kleine Schwester« gipfeln. Um wen ging es dabei? Natürlich war es Marie, die wieder herhalten musste. Sie, die so manchem der Jungs den Kopf verdrehte, fuhr unter anderem in voller Fahrt in ein riesiges Abflussrohr, schoss einen Abhang hinunter und nahm dabei einen Weidezaun mit. Ein sehenswerter Stunt, da wäre selbst James Bond der geschüttelte Martini aus der manikürten Schusshand gerutscht. *Oh Gott*, dachte ich, *das wird böse.*

Das Vorderrad ihres Drahtesels hatte sich im Abflussrohr verkeilt und Marie schlug Kopf über auf den steinigen Boden. Ein gefährlicher Sturz ohne Helm. Für einen Moment dachte ich an das Schlimmste. Ich sah nur eine riesige Staubwolke. Doch Marie hatte wahnsinniges Glück. Sie hatte sich nicht ernsthaft verletzt. Alles sah viel schlimmer aus, als es tatsächlich war. Keiner der Jungs sagte auch nur ein einziges Wort. Immer noch geschockt vom Sturz, schauten alle zu Marie, die sich ganz unaufgeregt und entspannt, oder in einer Arschruhe, wie es manche ausdrücken würden, den Staub aus dem Federkleid klopfte. Kurze Stille. Dann begann die ganze Truppe erleichtert in ein langes Gelächter auszubrechen. Marie hatte natürlich keine Ahnung warum, aber sie konnte sich ja auch nicht selbst betrachten.

»Ey, Alter, Marie sieht aus, wie Hitlers kleine Schwester«, ging dieser Scheiß von Schlabby wieder los, was mir Stirnrunzeln und hohe Brauen in die Visage trieb. »Der niedliche, erotische Damenbart ist einfach Weltklasse«, lästerte er weiter.

Marie hatte sich direkt an der Oberlippe verletzt. Es wirkte wie ein alter, verklebter Malzbonbon, was da auf ihrer Oberlippe tanzte. Der dicke Schlabby legte gleich nach und brüllte laut: »Schaut euch mal die Schnauze von Marie an, die hat volle Bude Hitler-Herpes.« *Dann doch lieber die »Deine-Mutter-Witze«*, dachte ich mir.

»Hauptsache, ihre Handtasche ist nicht schmutzig geworden«, schrie einer der Halbstarken und alle anderen Jungs lachten in brutaler Schadenfreude mit. Ich konnte nur mit dem Kopf schütteln. Der schwererziehbare Erzieher war plötzlich sprachlos.

Das Bild der verletzten Marie bekomme ich nie mehr aus dem Kopf. So etwas kann einen Menschen unnötig entstellen und niemand braucht das. Ich glaubte damals, meine Marie steige nie wieder auf ein Fahrrad. Aus der prächtigen Gold-Marie wurde unfreiwillig die stürzende Pech-Marie. Die Schadenfreude der Jungen zeigte auf einer Skala von eins bis zehn eine glatte 100. Aber die unverwüstliche Marie war ausgesprochen selbstbewusst und konnte mit der peinlichen Situation ganz gut umgehen. Sie hatte die Jungs weiterhin im Griff. Allerdings hatte sie durch die auffällige Verletzung in den kommenden Wochen nicht mehr den gewünschten Erfolg bei unseren jungen Möchtegern-Hengsten und ein Malzbonbon wollte sie auch nicht mehr lutschen.

Es dauerte relativ lange, bis der Schaden gut verheilt war. Und anschließend nahm Marie wieder Fahrt auf und zeigte der jungen männlichen Generation, wo der Pinsel hing. Getreu dem Motto: »Unser Boss ist eine Dame«. Marie hatte Führungsqualitäten, die sie heute in einer kleinen Firma eindrucksvoll unter Beweis stellt, nicht zu verwechseln mit Führerqualitäten. Man beachte bitte peinlichst genau diesen exorbitanten Unterschied!

Das Fahrrad konnte damals natürlich nicht mehr gefahren werden. Das Vorderrad sah nach dem Sturz nicht einmal mehr aus wie eine Acht, sondern eher wie eine Zweiunddreißig. Der Altmetall-Rahmen war total verbogen. Wäre ein Pferd in diesem erbärmlichen Zustand gewesen, man hätte es erschossen.

Und die Moral von der Geschichte? Der Schrottplan wurde erfüllt!

Schließlich waren wir alle halbwegs gesund ins Heim zurückgekehrt, und Marie kann heute über den Ausflug herzhaft lachen. »Kleine Schwester von Hitler«, diesen Spitznamen konnte sie schnell wieder ablegen. Zum Glück. Und Brennnesseln sollen ja bekanntlich sehr gut gegen Rheuma, Fußpilz und abstehende Ohren sein.

Ganz zum Schluss fragte ich noch laut in die Runde, wem der Ausflug denn alles gefallen habe. Unter Jubelrufen wurden von sämtlichen Teilnehmern geschlossen die Arme nach oben gestreckt, und ich schwöre, es waren nicht die rechten.

6. Ganz heiß in der Eishalle

In den neunziger Jahren hatten unsere jungen motivierten Mitarbeiter tolle Ideen und gute Einfälle. Eine bis heute wertvolle Sache ist es, benachteiligte Kinder aus den Heimen herauszulösen, um für diese Jungen und Mädchen besondere Aktionen zu starten. Ich persönlich mag dabei eher sportliche Aktivitäten, in denen sich die Kinder und Jugendlichen so richtig ausprobieren und auspowern können. So finde ich die neuen Kletterparks, Kampfsportspiele und den Schwimmsport der DLRG einfach super und auch den Wintersport mit all seinen Facetten. Sport allgemein bietet darüber hinaus eine Menge pädagogisches Potenzial. Aktuell besuchen wir oft attraktive Sportveranstaltungen und planen Ausflüge mit den Teamsprechern. Rückblickend auf die unendlich vielen Aktionen erinnere ich mich besonders gerne an eine Sache: den Eistanz. Und das war so ...

Zusammen mit einem Kollegen fuhr ich mit unseren »wohlerzogenen Lieblingen« in die Eissporthalle nach Braunlage in den Harz. Ganz nebenbei, Braunlage ist ein Ort, in den ich mich sofort verliebt habe, und ich kann Ihnen gar nicht wirklich erklären, warum das so ist.

An einer Tankstelle hatte ich ganz nach meiner Gewohnheit Super-Kraftstoff getankt. Nur blöd, dass der Kleinbus ein Dieselfahrzeug war. Es dauerte ewig, bis der Kraftstoff abgepumpt werden konnte, der Wagen neu betankt wurde und wir unseren Weg endlich fortsetzen durften. Wie doof konnte man eigentlich sein? Da hätte ich auch genauso gut einen meiner Schützlinge beauftragen können, das Auto aufzutanken. Der hätte dann wahrscheinlich aus Zufall sogar den richtigen Zapfhahn erwischt.

Ja, diese Begebenheit mit dem falschen Kraftstoff schwirrt mir bis heute um die Ohren und die Kollegen werden auch nicht müde, es mir immer wieder aufs Hausschlachte-Brötchen zu schmieren.

Endlich ging es weiter und ich dachte, *jetzt kann es nur noch besser werden.* Ich wollte ja in keinem Fall der Spielverderber des Tages sein und freute mich schon auf weitere kleine Herausforderungen. Und die ließen nicht lange auf sich warten. Zum allgemeinen Verständnis: Weder meine zehn lustigen Helden noch ich selbst hatten je zuvor mit den Füßen in Schlittschuhen gesteckt, geschweige denn auf dem Eis irgendwelche Faxen gemacht wie Katharina Witt zu besten Zeiten in ihrem olympischen Glitter-Kleidchen. Alles, was ich dachte, war: *Na, das kann ja lustig werden.* Und das wurde es, wenn auch unfreiwillig.

Die Fahrt mit dem alten Kleinbus durch den verschneiten Harz war schon abenteuerlich, denn das Vehikel war mit Winterreifen ausgestattet, die eher für den afrikanischen Markt bestimmt waren. Daher gab es die ein oder andere Rutschpartie, wenn sich der Bus ab und zu selbständig machte und nicht dahin fuhr, wohin der Kutscher wollte. Mit anderen Worten, ich hatte richtig harte Arbeit, um den Schrotthaufen in der Spur zu halten. Die Kinder fanden das natürlich lustig, wie ich mich schwitzend zum Kasper machte. Einige von ihnen sahen überhaupt das erste Mal in ihrem Leben eine verschneite Winterlandschaft. Neugierig und mit offenen Mündern klebten meine Helden an den Fensterscheiben. Die gute Laune war ansteckend, denn auch ich hatte trotz der wackligen Kiste ein gutes Bauchgefühl. Es gab kein nerviges Gemaule während der Fahrt und auch keine niveaulosen Furzwettbewerbe - na, ging doch.

Nach zwei Stunden Reise bereicherten wir die übliche Biopause mit einer kleinen Schneeballschlacht. Das entpuppte sich als Riesenspaß und das ganz ohne Nebenwirkungen.

Ich hatte keine Chance gegen die geballte Energie meiner Goldstücke. Von oben bis unten mit Pulverschnee paniert, stieg ich nach einer Viertelstunde wie ein verprügelter und ausgeraubter Schneemann in den Bus, alle Klamotten selbstverständlich klatschnass. Die Busheizung war total überfordert und trocknete meine nicht gerade praktisch ausgewählte Wintersport-Kleidung äußerst träge. Der schwererziehbare Erzieher war mal wieder schlecht vorbereitet gewesen.

Irgendwann kamen wir endlich in Braunlage an. Dann gab es die üblichen Verwirrungen. Wohin müssen wir? Wo ist die Ausleihe der Schlittschuhe? Wo sind die Umkleidekabinen? Und so weiter und so fort. Erfreulicherweise funktionierte alles verhältnismäßig gut und ohne Stress und lange Wartezeiten. Wir konnten endlich starten und freuten uns darauf, bühnenreif über das Eis zu fliegen. Es sah sicher lustig aus, wie sich unsere amateurhafte Truppe dilettantisch über das Eis quälte. Ständig waren irgendwelche Beine in der Luft. Eine Vielzahl an spektakulären Stürzen reihte sich aneinander. Alle Personen, die sich noch aufrecht hielten, wurden solidarisch umgerammelt und auf das Eis geschmettert, wie ein Catcher in Schlittschuhen. Besonders sehenswert war der Bodycheck vom kleinen dünnen Alfred, mit dem er eine große dicke Ordensschwester vom Eis fegte. Ich dachte nur: *Halleluja, Gegensätze ziehen sich magisch an.* Ich gab »Bum-Bum-Alfred« für diese Nummer selbstverständlich eine glatte zehn Komma null Punktewertung in der Kategorie »Grausame Haltungsnoten«. Das Ganze erinnerte mich an rüpelhafte Männertagsgeschichten zu Christi Himmelfahrt. Ich schloss kurz die Augen, denn das schmerzte schon beim Zusehen. Es grenzte an ein Wunder, dass es keine Verletzungen gab. Vielleicht war ja göttliche Unterstützung im Spiel?!

Die Bande am Eisrand stellte sich als meine beste Freundin heraus. Immer wieder suchte ich ihren Halt und nur ganz allmählich stellte sich etwas Sicherheit ein. Hätte uns jemand bei diesem Auftritt auf dem Eis gefilmt, ich bin sicher, das Filmmaterial wäre in Hollywood für die Goldene Himbeere nominiert worden. Aber andererseits ... hätte meine Tante einen Penis, wäre sie mein Onkel.

Nach und nach sahen unsere Gleitversuche ganz manierlich aus. »Sie waren stets bemüht«, würde heute wahrscheinlich in einer Beurteilung stehen. Die gestürzte Nonne lächelte uns an wie ein *Grinse-Törtchen* vom Bäcker.

Der Ehrgeiz hatte sich mittlerweile festgebissen und jeder meiner Jungs wollte unbedingt das Eislaufen lernen. Zumindest nahm die Zahl der Stürze deutlich ab. Und dabei half uns ein glücklicher Umstand. Eine Mädchengruppe hatte sich zu uns gesellt und uns wichtige Tipps fürs Schlittschuhlaufen gegeben. War es vielleicht doch göttliche Fügung?

Ich traute der ständig lächelnden Ordensschwester im Pinguin-Kostüm nicht über den Weg, beziehungsweise über das Eis. Aber die Mädchen zeigten uns mit Ruhe und Beharrlichkeit eine Technik für meine untalentierten Anfänger. Ich dagegen schwebte mit der dicken Ordensfrau über den glatten Untergrund. *Na, vielleicht kann ich heute noch irgendwas beichten*, dachte ich damals. Aber soweit sollte es nicht kommen, die Zeit hätte auch niemals ausgereicht.

Die Mädels mit der korpulenten Nonne hatten das Eislaufen echt drauf, wir konnten dafür besser Eis essen.

Diese Zuckerfeen bewegten sich wie kleine Eisprinzessinnen auf dem glatten Untergrund, und der Höhepunkt des Tages wurde ein richtiger Hingucker. Die Mädchen nahmen unsere lustigen Rabauken an die Hände, bildeten alle gemeinsam eine große Schlange und liefen - wie frisch verliebt - bei aktueller Popmusik durch die Eishalle. Ein wunderschöner Anblick. Vielleicht verliebte ich mich auch dank dieser Begebenheit in das schöne Braunlage. Wer weiß, oder wer weiß denn so was?

Das Ziel des Ausflugs wurde erreicht: ein Moment der Verbundenheit. Auch für einen schwererziehbaren Erzieher ist es ein angenehmes Gefühl, wenn ein Vorhaben funktioniert und es nachhaltig wirkt. Und das darf es auch sein.

Ich hatte in meiner wichtigsten Funktion als stümperhafter Kommunikationskasper unsere Jungs erfolgreich mit den Mädels verkuppelt. Und dann nahmen die Dinge ihren Lauf. Es war ja zwei Wochen vor Weihnachten. Ich sagte so ganz nebenbei: »Hallo Mädels, wir sind vom Caritas-Verband für benachteiligte Kinder. Ihr wisst ja, Weihnachten steht vor der Tür. Würdet ihr zu Weihnachten jeweils einen meiner ausgehungerten Lieblinge in eure Familien einladen?«

»Schaut nur, die Jungs sind so dünn, die können ihre Arme und Beine in der Flasche waschen«, legte ich sinnloserweise noch nach. Das war natürlich nur ein unbedachter Spruch, aber er sollte Folgen haben. Meine Intention war eher, die verwirrten Gesichter der Mädels zu bestaunen, aber da hatte ich mich gründlich geirrt. Meine Truppe lachte schon heimlich, aber zurückhaltend. Lügen und dummes Zeug erzählen, konnte ich schon immer ganz gut. Wir blödelten noch eine Weile herum und beendeten unsere Kür auf dem Eis.

Als wir später den Parkplatz der Eishalle verlassen mussten, versperrten die Mädchen die Ausfahrt, um sich intensiv von uns zu verabschieden. Im Grunde wollten die Eismäuse nur saftig knutschen. Gut, also wieder aussteigen und nochmals verabschieden. Mein Hirnwasser fing langsam an zu blubbern. Ich stopfte wie ein chronisches Süßigkeitenmonster eine Tafel Schokolade nach der anderen in mich hinein. Aber es beruhigte mich nicht. Nach einer Stunde war meine unzureichende Empathie am Ende, und ich mahnte zur Abfahrt, indem ich maulte: »Hey, Experten, bitte aufsitzen, ich möchte jetzt nach Hause fahren.«

Die dicken Tränen des Abschiedsschmerzes konnte auch ich nicht trocknen. Ich hatte keine Taschentücher dabei. Wie immer war ich schlecht vorbereitet. Meine kleinen Schneckenjäger hatten sich allesamt in die attraktiven Eisladies verknallt. Ich konnte überall kleine Herzchen in ihren Augen sehen. Im Dunkeln fuhren wir durch den Harz zurück. Die Jungs waren an diesem Abend die glücklichsten Menschen der Welt. Jeder von ihnen hatte sich eine kleine süße Eisprinzessin geangelt. Ich schmunzelte, es war einfach wunderbar.

»Eine neue Liebe ist wie ein neues Leben«, so heißt es in einem Schlager der siebziger Jahre, und so fühlte es sich für meine Helden an. Ich war davon überzeugt, dass wir die neu eroberten Eisprinzessinnen nie wiedersehen würden. Handys und die medialen Netzwerke standen noch tief in den Startlöchern. Doch wieder einmal weit gefehlt.

Übrigens kamen wir viel zu spät zurück. Und alles war natürlich meine Schuld, ich hatte ja Super getankt. Ich fand es auch super, nur der Dieselmotor nicht.

Das Weihnachtsfest rückte immer näher. Und ich sollte eine weitere nette Überraschung erleben. Unsere Sozialarbeiter waren bemüht, über die Feiertage alle Kinder und Jugendlichen möglichst irgendwo bei Verwandten und Bekannten unterzubringen. Im Einzelfall sind die Vorbereitungen bisweilen sehr schwierig und zeitaufwändig und oft nur mit sehr mäßigem Erfolg. In diesem Jahr hatten wir das Kunststück fertiggebracht, dass wirklich einige Kinder unserer Einrichtung die Weihnachtszeit bei Verwandten verbringen durften.

Ein kleiner Rest meiner liebenswerten Strolche musste leider die kompletten Ferien mit mir verbringen, das grenzt fast an eine Höchststrafe. Während der Weihnachtsfeiertage hatte ich einige Dienste zu bestreiten. Für mich hatte das den positiven

Nebeneffekt, dass ich mich mit meiner anvertrauten Gruppe und der fetten Weihnachtsgans in die ewigen Jagdgründe verabschieden konnte. Nicht ganz uneigennützig. Mit meinen hitzigen Lieblingsklienten ackerte ich im Sportraum. Wir spielten Tischtennis und brachten die Fitnessgeräte zum Glühen. Und dann passierte etwas, das ich niemals vermutet hätte. Plötzlich öffnete sich die Tür unseres Fitnessparadieses und unsere kleinen Eisprinzessinnen standen in ganzer Gruppe mit ihren Müttern auf der Schwelle. Oh, was wird das denn jetzt?

Kurze Stille und Leere. Ich stand da wie ein hypnotisiertes, zerkochtes Suppenhuhn. Eine der Mütter kam zu mir und flüsterte:

»Entschuldigen Sie, aber meine Tochter hat keine Ruhe gegeben, wir möchten gerne einen Eisprinzen zu Weihnachten bei uns haben.«

Na super, dachte ich. »Haben Sie sich schon einen Leckerbissen ausgesucht?«, stichelte ich.

Und so kam eine Mutter nach der anderen mit ihrer kleinen Eisprinzessin, um für das Weihnachtsfest den neuen Schwarm der Tochter klarzumachen.

Die Mädchen wollten unbedingt ihren »Mr. Right« unter den Weihnachtsbaum legen. Es dauerte einige Zeit, bis ich dieses Memory auflösen konnte. Später brühte ich eine Kanne Bohnenkaffee auf und zeigte unseren Gästen die Einrichtung. Bei Kaffee und Kuchen kamen alle untereinander gut ins Gespräch. Einige der Jungen gingen anschließend mit ihren neuen Familien in die Stadt zum Abendessen. Telefonnummern und Adressen wurden ausgetauscht. Und sie durften an den Weihnachtsfeiertagen ihre Eis-Freundin besuchen. Mehr geht nicht, oder?

Na, eigentlich doch! Denn heute betreibe ich regelmäßig Supervision mit einer Ordensfrau unseres Verbandes. Danke an Schwester Marta, du bist supercool.

Und die Moral der Geschichte? Das Leben ist doch immer für eine Überraschung gut. Das passt hervorragend zur Weihnachtszeit. Auch für mich, den schwererziehbaren Erzieher einfach schön.

7. Willy kann essen

Endlich Sommerferien. Zwei Wochen sollte ich mit meinen »Goldstücken« in Berlin und Umgebung unterwegs sein. Da stellte sich echte Vorfreude auf die Ferien ein.

Auf den ersten Blick hatte vieles gepasst: traumhaftes Wetter, nette Unterkunft, vielfältige Freizeitmöglichkeiten und eine spitzenmäßige Verpflegung. Einfach super aus meiner Sicht. Dennoch gab es ein kleines »Aber«.

Ich hatte den wilden Willy dabei. Der kleine »Jungbulle« Willy mit seinen 14 Jahren hatte einen unstillbaren Appetit. Wahnsinn, welche Nahrungsportionen dieser jugendliche Mensch verschlingen konnte. Eine waschbeckengroße Schüssel voller Nudeln mit einem Eimer Tomatensoße waren für ihn kein Problem. Und ich spreche hier nicht von einem Miniwaschbecken im Gästeklo.

Willy wurde von seinen Mitkämpfern auch »Schnuller« genannt, weil er im Hallenbad ganz heimlich unheimlich vom Startblock gepinkelt hatte. Übrigens hatte der diensthabende Bademeister Willy damals dabei erwischt und zur großen Verwunderung nur mit dem Kopf geschüttelt. Im Nachhinein bin ich froh, dass Willy nur ein kleines Geschäft vom Startblock gemacht hatte. Bei größeren Geschäften hätten wir mit Sicherheit Badeverbot auf Lebenszeit bekommen, mal davon abgesehen, dass das Becken dann für alle Zeit kontaminiert gewesen wäre. Willy dagegen hätte man solch eine Aktion ohne weiteres zutrauen können. Das ist aber eine andere Geschichte.

Also gut. Willy verspürte jedenfalls andauernd Hunger, eigentlich immer. So kam es, dass mir die aufreizende Herbergsdame im Outfit einer Raststätten-Schönheit klar machte, dass für alle Gruppenmitglieder drei Euro pro Person nachzuzahlen seien, weil der wilde Willy beim Essen die Schüsseln mit Nudeln und Eiern nicht weiterreichen wollte und die Salate mal eben allein verputzt hatte. Das war die blanke Wahrheit und so wurde Willy aufgrund seiner skrupellosen Gier das Maskottchen meiner Truppe, ganz nach dem Motto: «Wir helfen älteren Frauen über die Straße, egal ob sie wollen oder nicht! Aber zwischendurch wird natürlich ordentlich gegessen.»

Diese besondere Situation, dass Willy stets Hunger hatte, war für die Vorbereitung meines Trips nach Berlin enorm wichtig. Ich hatte die Ferienwochen eigentlich ziemlich gut geplant. Die Taschengelder waren eingeteilt und meine Vorhaben im Vorfeld mit den Jungs abgesprochen. Der schwererziehbare Erzieher wollte superprofessionell arbeiten und vorbereitet sein. Aber auch diese Einstellung lieferte keinen Garantieschein.

Wir verblieben dort einen Tag am See und an den folgenden Tagen war jedes Mal ein Ausflug in die City geplant. Da ich ein absoluter Berlin-Fan war, kannte ich das S- und U-Bahn System und auch einige interessante und sehenswerte Orte in der großen Stadt. Berlin ist immer eine Reise wert, aber weil ich Willy dabei hatte, konnte ich die Ausflüge nicht so richtig genießen. Willy an Bord zu haben, das war einfach Stress. Mein Bauchgefühl lügt nie.

Zur ersten Schnuppertour drehten wir eine harmlose Runde durch Berlin. Willy hatte zum Frühstück ordentlich zugeschlagen und verzichtete aufgrund seiner Bequemlichkeit auf einen Verpflegungsbeutel. Natürlich ein böser Fehler. So dauerte es nicht lange, bis er mir in den Ohren lag und das animalische Betteln begann: «Hunger, ich habe Hunger!», hörte ich in einer Tour.

Die anderen Jungs provozierten Willy noch zusätzlich, indem sie ihre ordentlich gefüllten Verpflegungsbeutel präsentierten und sich die Snacks vor seinen Augen schmecken ließen. Es gehörte schon zum Ritual, Willy zu zeigen, wie gut die geschmierten Brötchen schmeckten. Kinder können grausam sein.

Da Willy sein komplettes Taschengeld bereits am China-Imbiss investiert hatte, war der arme Kerl auch erstmal pleite. Die beängstigende Mischung aus Hunger und Durst sowie die entsprechenden Provokationen veränderten die Körpersprache unseres Willys stetig. Er mutierte langsam zum hungrigen Pitbull-Terrier. Ich bemerkte, wie alle Versuche wirkungslos blieben, ihn bei Laune zu halten. So habe ich mal wieder »Mutter Theresa« gespielt und mit Willy einen Deal gemacht. Er bekam von mir eines meiner Brötchen gegen sein Versprechen, dass er sich zum nächsten Ausflug selbst Schnitten und Brötchen schmieren würde. Er war sofort einverstanden und schlich wie ein tapsiger Tanzbär zur Haltestelle: Deeskalation geglückt oder Erziehung durch Erpressung, wie immer man das auch nennen möge. Manchmal heiligt der Zweck eben doch die Mittel. Ich durfte schließlich nicht zulassen, dass Willy die Polstersitze der S-Bahn auffraß, wie ein Velociraptor einen dämlichen Zoobesucher. Aus heutiger Sicht eine alberne und recht billige Rechtfertigung.

Zwei Tage später. Sonniges Wetter wie im Bilderbuch. Wir hatten einen langen Tag in unserer Hauptstadt geplant mit Erlebnispark, Alexanderplatz, Tierpark, einfach das volle Programm. Es konnte losgehen. Meine »Lieblinge« zogen gut mit, stellten neugierige Fragen und waren von der großen Stadt total begeistert. Toll, denn der erste Eindruck kommt kein zweites Mal. Da ich Willy im Schlepptau hatte, plante ich ihm zuliebe ein ausgiebiges zweites Frühstück ein. Ein wunderschöner Park mit riesigen alten Bäumen und Sträuchern sowie ein kleiner, sehr schön angelegter Teich lagen auf unserer Strecke und erwiesen sich als ein perfekter Picknickplatz. Willy war gleich fasziniert. Er hatte sich zwanzig Brötchen geschmiert. Zwanzig Brötchen, ungelogen! Also ich glaube, das war ein Weltrekord. Dazu kam ein Rucksack voller Äpfel, sowie sämtliche Schokoriegel und natürlich noch zwei große Maxiflaschen Apfelschorle, um nur einiges aufzuzählen. Ich dachte mir, da kann doch nichts mehr schiefgehen, aber da lag ich mal wieder falsch.

Im besagten Park angekommen hatte Willy schnell mit einer Schar aus circa zwanzig bis dreißig Sperlingsvögeln Freundschaft geschlossen. Ganz unbemerkt verfütterte Willy in großzügiger Weise seine geschmierten Brötchen an seine neuen Flatterfreunde. Die frechen und sehr zahmen Tiere pickten Willy die zerkleinerten Leckerbissen direkt aus der Hand und erforschten seinen stolzen Körper. Ein wirklich beeindruckendes Bild, und Willy wurde der drollige Vogelflüsterer. Die Besucher des Parks klatschten Applaus.

Und jetzt hatte ich ein Problem. Willy wollte unbedingt bei seinen Vögeln bleiben, nicht zu verwechseln mit: Er will beim Vögeln bleiben.

Nach einer geschlagenen Stunde gelang es mir endlich, Willy zum Aufbruch zu überreden, und wir gingen weiter in Richtung Innenstadt. Willy hatte nun selbstverständlich nichts zu futtern mehr. So war der erste Imbissstand am Kurfürstendamm Willys erste Anlaufstelle. Für stolze 9,90 Euro gönnte er sich zwei Currywürste, die er in unter drei Minuten in sich hineinschlang. Anschließend gab ich den Jungs eine Stunde zur privaten Verfügung. Wir bildeten kleine Gruppen und jedes Team startete zur individuellen Einkaufstour. Ich hoffte, dass alles glatt über die Bühne gehen würde, denn die Hoffnung stirbt ja bekanntlich zuletzt. Aber sie stirbt ...

Ich stellte mir die Frage, was wird sich Willy wohl für einen Plunder kaufen? Nach der vereinbarten Stunde trudelten alle mit ihrer Beute ein. Die meisten hatten sich Wasserpistolen gekauft. Willy schaffte es natürlich nicht, mit seiner Wasserspritze am Imbissstand vorbeizukommen, daher kam er zu spät, denn er kaufte zwei weitere Currywürstchen, die ihm auch noch schmeckten.

Da es zwischenzeitlich geregnet hatte, konnten die Wasserpistolen in den entstandenen Pfützen problemlos aufgeladen und anschließend abgeschossen werden. Ein Vorgang, der selbstverständlich ohne Pause praktiziert wurde. Das konnte auf Dauer nicht gut gehen.

Zum Glück trat ab und zu die Sonne hervor, sodass die nassen Klamotten schnell trockneten. Nur Willy sah wie ein gelecktes Würstchen aus. Das Pfützenwasser in gelungener Kombination mit Currysoße tat das Übrige. Willys T-Shirt präsentierte die Speisekarten vieler Berliner Imbissstände.

Ich hatte gut zu tun, weitere Innenstadtbesucher um Nachsicht anzuhalten. Es gibt ja noch Mitmenschen.

Im Tierpark, in dem sich genügend Möglichkeiten fanden, die Feuerwaffen zu laden, wurde reichlich Wasser versprüht. Zum Glück war der Park um diese Zeit schwach besucht. Elefant, Tiger & Co wurden unfreiwillig mit einer frischen Dusche aus dem Mittagsschlaf gerissen. Die Tiere fanden die frische Brise bestimmt nicht so lustig. Falls ein Käfig offen gewesen wäre, hätte sicher zumindest der knurrende Tiger Alarm gemacht und einen meiner mutigen Wasserwerfer auf der Stelle zerfleischt. Mit dem Hinweis, dass ich die Jungs am nächsten Morgen bösartig taufen werde, verließen wir gemeinsam den Tierpark.

Später in der U-Bahn geriet Willy mit einem anderen Jungen in einen üblichen Streit. Das bedeutete einfach mal Attacke mit dem extra sauberen Pfützenwasser. Ganz nebenbei wurde noch ein Geschäftsmann im Designer-Anzug unfreiwillig zum »Schmutzwasseropfer de luxe«.

Der Mann regte sich verständlicherweise furchtbar auf. Auch die sehr niedlich wirkende Entschuldigung, welche sich fast ehrlich anhörte, konnte den Herrn der deutschen Vermögensbeseitigung nicht beruhigen. So, wie er aussah, würde er zumindest an diesem Tag keine Geschäfte mehr tätigen. Vermutlich ein Glücksfall für manch naiven Mitbürger. Vielleicht hätte sich jemand bei den beiden Spritzern bedanken sollen. Tat aber niemand.

Die dreckige Brühe tropfte ihm jedenfalls von den Haaren über das Gesicht und anschließend auf Hemd, Jacke und Hose. Der gestylte Mann hatte die volle Breitseite bekommen. Game over.

Sorry, es war nicht: Vorsicht, wir verarschen dich! So kann es laufen. Der Onkel von der deutschen Geldverbrennungsanlage stieg völlig genervt an der nächsten U-Bahn-Station aus.

Obwohl ich schimpfen wollte, blieb ich ganz ruhig und rollte nur mit den Augen. Ich tat einfach so, als ob ich diese Lausejungen gar nicht kannte. Erst beim Aussteigen gab es von mir die verbale Kopfwäsche und drei Stunden Einsatzverbot der Feuerwaffen. Dies war natürlich eine Höchststrafe für meine kleinen Wasserakrobaten. Willy schaute mich zornig an, als wenn ich sein Nutella-Brötchen entsorgt hätte. Doch mein Dickerchen akzeptierte die Konsequenz und machte keinen Stress. Immerhin, für mich war es der erste pädagogische Teilerfolg des Tages.

Nach dem folgenden Besuch eines Kletterparks waren die jungen Wilden dann endgültig platt. Willy weigerte sich schlichtweg zu laufen. Er wollte seinen gewichtsmäßig im dreistelligen Kilobereich angesiedelten Körper einfach nicht mehr bewegen. Ich sagte noch unüberlegt und ironisch: »Das ist Willy Winzig, wie Gott ihn schuf und was McDonalds daraus gemacht hat.«

Das war allerdings nicht ganz richtig, denn eigentlich waren es ja Currywürstchen. Willy machte dicht und blieb, bockig wie ein Wellness–Buddha, auf einer wackligen Bank sitzen. Meine Nerven waren am Anschlag. Selbstverständlich wurde ich von ihm für alles verantwortlich gemacht. Willy meckerte ununterbrochen und fauchte wütend wie eine stramme Weihnachtsgans auf ihrem Weg in den Backofen: »Jetzt kommen wir zu spät in die billige Diät-Herberge zum Abendessen, und ausgerechnet heute Abend wollten wir den Grill anschmeißen.«

Das auch noch, verdammt, dachte ich und sagte: »Ja, du hast recht, heute Abend ist lecker Essen angesagt und nur weil du zu faul bist, deinen Hintern - ich glaube, ich hatte eigentlich Arsch gesagt - zu bewegen, geht es heute ohne Feuerfleisch in die Falle.«

Der schwererziehbare Erzieher wurde dabei immer lauter, sodass einige Passanten die Ohren spitzten. Für einen kurzen Augenblick war ausnahmsweise ich der Hingucker im Tierpark.

Dann sagte ich laut und deutlich: »Willy, Du selbst bist an allem schuld! Hättest du dich beim Vögeln beeilt, wären wir schon längst in der Herberge zum Abendbrot.«

Auf einmal fingen alle laut an zu lachen. Vögeln im Park und Willy – die Blicke der Leute werde ich nicht vergessen. Situationskomik pur. Einige Besucher schauten mit Respekt zum wilden Willy. Daumen hoch für ihn.

Ich dachte mir, der schwererziehbare Erzieher muss noch einen Spruch nachlegen und sagte etwas gereizt: »Junge, du musst jetzt nicht einen auf bockig machen, du liegst hier auf der Bank wie ein altes vergammeltes Frühstücksbrötchen.«

Auf einmal sprang Willy auf. Ich glaube, das Wort Brötchen hatte einen Schalter umgelegt. Wie von einem WMF-Grillspieß gestochen, löste er die innere Handbremse und startete durch. Schnell ging es zur S-Bahn-Station. Nach einer Stunde waren wir in Königswusterhausen. Ab zum Parkplatz und mit dem Bus zur Unterkunft. Zwischendurch rief mich die Herbergs-Mutti schon an und drohte, wenn wir nicht bald aufschlagen würden, fiele der Grillabend aus. Willy hörte alles, auch das, was er nicht mitbekommen sollte.

»Keine Panik«, sagte ich zur Herbergs-Göttin, »wir schaffen das.«

Nun hatten wir allerdings das Problem: Willy hatte sich beim Füttern der Vögel, nicht beim Vögeln, zu viel Zeit gelassen. Leider kam von der anderen Seite des Telefons dahingehend wenig Verständnis. Die nette Herbergsdame war längst in den Wechseljahren und ließ zum Glück nicht andere für sich bluten. Da habe ich schon ganz andere Erfahrungen machen müssen. (Der schwererziehbare Erzieher wieder mal mit einer unpassenden Doppeldeutigkeit.)

Im Bus war es auffällig still. Die Jungs waren pflastermüde. Endlich waren wir da. Als ich die Einfahrt erreicht hatte, wurde Willy wach. Er war wirklich eingeschlafen. Nachdem er die vergnügte Menge an Kindern sah, war er nicht mehr zu halten. Ganz nebenbei ließ ich die Autoscheibe etwas herunter. Der Geruch von frisch gegrilltem Fleisch tat sein Übriges. Willy stieß animalische Schreie aus: »Anhalten, sofort anhalten, anhalten! Hunger, ey Alter, das geht gar nicht!«

Im Nu waren auch alle anderen Jungs wach und wurden aus ihren Träumen gerissen. Die Nase von Willy klebte an der Seitenscheibe des Kleinbusses. Ein toller Anblick, vor allem von außen: Willys Gesicht an das Fensterglas gepresst, wie er mit den Fäusten gegen die Scheibe trommelte, war das Bild einer sehr lustigen Verzweiflung.

Im Camp beobachteten irgendwie alle den Kleinbus mit der speziellen Zirkuseinlage unseres Willys. Sämtliche Kinder hatten strahlende Gesichter und bogen sich vor Lachen. Zumal ich extra der Show halber noch eine zusätzliche Runde um den Grillplatz drehte. Wie gemein ein schwererziehbarer Erzieher doch sein konnte.

Als ich endlich anhielt, stürzte Willy aus dem Bus und lief wie *Speedy Gonzales* zur Fleischausgabe. Endlich, endlich war wieder Fütterungszeit. In der rechten Hand eine Grillwurst und in der linken Hand ein großes Stück Grillfleisch, da war die Welt von unserem Willy Winzig wieder in Ordnung. Wie ein Grinse-Kuchen stolzierte Willy durch das Camp. Das Glück war zusätzlich noch auf unserer Seite, denn gemeinsam mit uns grillte eine Mädchengruppe aus Dortmund, die sich nicht so viel aus Würstchen und Steaks machten, da die Mädchen offensichtlich viel an ihre Figur dachten. So blieb die eine oder andere Extrawurst für Willy übrig. Inzwischen hatte mein Dickerchen seinen Körperbau völlig vergessen. Wie eine ausrangierte Abrissbirne lag Willy auf einem Schaukelstuhl und hatte bald seine innere Ruhe gefunden.

Da ich die auffälligen Blutwerte vom Willy kannte, ist es durchaus denkbar, dass der kleine Vielfraß heute in einer Zuckerfabrik arbeitet. Das Angebot, eine Ausbildung zum Ernährungsberater zu machen, hat er erstaunlicherweise schnell abgelehnt, obwohl er im letzten Jahr stolzer Besitzer eines goldenen Magenbandes wurde.

Zurzeit arbeitet sich der wilde Willy vom prallen Puddingpanzer zum veganen Mangomäuschen langsam in Richtung Normalgewicht. Es geht doch ...

8. Einfach springen

In der Nähe unserer Einrichtung befindet sich ungefähr 25 Kilometer entfernt ein Felsenbad. Heute hat unsere DLRG-Ortsgruppe das natürliche, sehenswerte Felsengelände und deren See für sich entdeckt. Immer wenn ich dort meine Kreise ziehe, muss ich an einen Tag denken, der fast meine Erzieherkarriere beendet hätte.

Zu Beginn der 90er Jahre nutzten die mutigen und abenteuerlichen Gäste die Möglichkeiten des Felsenbades, um ganz locker von den Klippen zu springen. Viele Kinder und Jugendliche unserer Region besuchten des Öfteren diese lebensgefährliche Badegelegenheit. So wurden unsere zu betreuenden cleveren Burschen selbstverständlich von der hiesigen »intelligenten« Dorfjugend entsprechend heißgemacht und angefixt. Ganz nach dem Motto: Mädels und Jungs, ihr müsst unbedingt mit uns zum Felsenbad kommen, da geht die Post ab. Da und nur da könnt ihr zeigen, was ihr so draufhabt.

Besonders einige adrenalinsüchtige hübsche Tümpelkröten wollten unsere aktionshungrigen Kaskadeure springen sehen. Wahrscheinlich, um ihr Paarungsverhalten zu bekräftigen. Es sollte dann auch knallen. Unsere Lieblinge hatten Blut geleckt und einige Mutige wollten das traumhafte Felsenbad unbedingt austesten. Also überlegten sich unsere cleveren Draufgänger einen Plan, in dem die verantwortlichen Erzieher natürlich außen vor bleiben sollten. Da ein Kinderheim kein Gefängnis ist, gibt es immer tolle und nette Ideen zur Flucht oder, in diesem Fall, zu einem unerlaubten Besuch des Felsengeländes. Autos, Motorräder oder Fahrräder wurden kreativ und clever organisiert. Ich bin mir absolut sicher, einige Dinge wurden geklaut oder sehr, sehr günstig gemietet. So stand einem kleinen Besuch im Felsenbad nur relativ wenig entgegen.

Einige absolvierten einen, nun ich möchte es mal sportlichen, anspruchsvollen, polnischen Triathlon nennen. Und zwar liefen sie ins Felsenbad und kamen nach dem Baden mit einem Fahrrad zurück. Nur als einige Kollegen ein paar typische Verletzungen bei unseren Freizeitathleten feststellten, mussten wir pflichtbewusst pädagogisch eingreifen. Es war ja auch lange Zeit viel zu ruhig. Keine Störungen und Auffälligkeiten, was ohnehin schon äußerst auffällig war. Das hatte mir meine Mutter schon immer prophezeit, auch ohne pädagogische Ausbildung.

Irgendwann fiel das Kartenhaus ein und meine Junggorillas erzählten mir von ihren abenteuerlichen Aktivitäten. Sie schwärmten in den höchsten Tönen: »Herr Gertke, alles super und alles ganz sicher. Kann ja eigentlich nichts passieren. Und wenn nichts passiert, passiert ja nichts.«

Ich sagte zu Henry, einem Tom Cruise für arme Leute: »Also, wenn ich dich so ansehe, ist eigentlich schon genug passiert. Und wenn ich mir dein Hinterteil so ansehe, das Ding ist so rot, da hast du Schwein, wenn die Feuerwehr keinen Wasserschlauch dranschraubt, weil sie denkt, es ist ein Hydrant.«

Henry blubberte. »Das sieht schlimmer aus, als es ist. Beim ersten Mal tut es immer weh.«

Ich äußerte lautstark: »Junge, Junge, du hast ja richtig Ahnung. Weißt du was passiert, wenn du dir sämtliche Knochen brichst?«

»Ach Herr und Meister Gertke«, kicherte Henry leicht provokant. »Meine Oma würde Ihnen bestimmt jeden Monat ein Paket in den Knast schicken. Da bin ich mir ganz sicher. Die ist lieb.«

»Henry, du hast doch verstanden, was ich dir zu verstehen geben will, oder? Und deine Oma ist natürlich lieb, aber meine Familie fände es nicht so witzig, wenn ich wegen dir in den Bau müsste.« Dann tätigte ich eine kurze Pause, während der ich tief Luft holte, und fügte anschließend hinzu: »Na ja, zumindest nicht alle aus meiner Familie.«

An den folgenden Tagen bettelten die Jungs in einer Tour und wollten unbedingt eine Erlaubnis zum Baden, um nicht mehr heimlich das Felsenbad nutzen zu müssen. Irgendwann wurde ein Kompromiss gefunden, und wir besuchten gemeinsam dieses heiß begehrte Gelände in Begleitung eines schwererziehbaren Erziehers. Logisch, ich ließ mich mal wieder breitschlagen. So fuhr ich mit unserer Heim-Elite irgendwann zum Felsenbad nach Liebesgrün. Ich hatte dort vor vielen Jahren mal eine Freundin und wollte eigentlich nie wieder da hin. Vorsichtig optimistisch stieg ich ins Auto und startete in Richtung Felsengrotte. Rene und Henry hatten schon konsequent aufgeregt ihre Badesachen eingepackt. Sie wollten mir zeigen, was die wilden Kerle so draufhaben.

Ich muss heute ehrlich zugeben, dass ich von dem Gelände schwer beeindruckt war. Die Landschaft mit den riesigen Felsen und dem klaren Wasser war einfach herrlich. Ich meine die Landschaft und nicht die Ex-Freundin, denn die hatte ich schon weltmeisterlich verdrängt.

Meine Jugendlichen kannten sich jedenfalls furchtbar gut aus und zeigten mir gleich, wo man problemlos in die Tiefe springen konnte. Rene meinte voller Stolz: »Ja und dort sind die besten Felsvorsprünge, von denen Frau oder Mann je nach Bedarf von 3 bis 25 Metern in die Fluten springen kann, und es kostet nichts.«

»Bis auf die Krankenhausrechnung«, sagte ich so nebenbei. Ich schaute vorsichtig von dem höchsten Felsvorsprung hinunter und brummte: »Kann man machen, muss man aber nicht.« Ich dachte: *Hier springst du niemals runter. Nicht für gutes Geld und schon gar nicht für schmutzige Frauen. Nur Menschen, die im Oberstübchen eine totale Hirnfinsternis ausstrahlen, fliegen freiwillig von dem obersten Steinbrocken in das kalte Wasser.*

Dann fragte ich die Jungs: »Sagt mal Leute, seid ihr hier runtergesprungen?«

Rene flüsterte mir zu: »Nur Henry, der wollte seine Freundin beeindrucken.«

»Da bin ich aber tiefenentspannt«, erwiderte ich zugegebenermaßen beeindruckt. Danach passierte Folgendes: Mein Mund öffnete sich vor Schreck soweit, als wollte ich eine ganze Melone hervorwürgen, denn Henry nahm plötzlich Anlauf und schrie: »Ey Alter, ich springe jetzt!«

Wie im Adrenalinrausch sprang mein halbstarker Hitzkopf vom höchsten Felsen in die Tiefe. Das waren mindestens 20 Meter. Live sah das noch viel gefährlicher aus. Ich war geschockt.

Was, wenn Henry nicht wieder aus der Wasseroberfläche auftaucht, dachte ich. *Dann war es das mit deiner schwererziehbaren Erzieherkarriere.*

Furchtbare Bilder peitschten durch meinen Kopf und ich hatte das Gefühl, mein Körper macht schlapp. Es knallte und spritzte. Sekunden können tatsächlich zur Unendlichkeit werden. Zu unserem Glück tauchte Henry wieder auf und zeigte mir die geballte Faust und später den blinkenden Mittelfinger.

Ich fühlte mich wie ein verständnisvoller Trottel. Mir schoss nur durch den Kopf: *Henry, du kleiner aufgeblasener Adrenalin-Hamster! Ich bekomme hier gleich einen Herzkasper mit panischem Dauerdurchfall.*

Na klar, Henry wollte mir zeigen, was er für ein toller Hecht ist. Aber mein Applaus blieb erstmal aus. Ich war nach wie vor geschockt. Da hechelte Henry vor mir herum wie ein dressiertes Zirkus-Hündchen auf Zehenspitzen und wollte sich seine wohlverdiente Wertschätzung abholen. Henry, die kleine dicke Rampensau, hatte seinen lebensgefährlichen Auftritt gehabt. Der schwererziehbare Erzieher brannte blitzartig vor Wut und hasste seinen Job. Ehrlicherweise hätte ich Henry lieber in seinen königlichen Hintern getreten. Etwas beruhigt und gefasst schaute ich Henry von oben nach unten an:

Check 1, alles noch dran.

Check 2, was war mit der Badehose passiert?

Henry stand vor mir und zeigte uns stolz sein zerfetztes Höschen. Ich musste lachen und sagte freudig irritiert: »Henry, guck mal eine Etage tiefer, deine Familienplanung liegt völlig frei.«

Da machte sich Rene Luft. »Oh mein Gott«, schrie er und feixte weiter: »Schaut euch mal die Dinger von Henry an. Schaut euch diese Geräte an. Blitzblaue Eier im Sack und Ostern ist schon lange vorbei.«

Ich schüttelte nur den Kopf, als Henry mit einem Grinsen meinte: »Weicheier werden nicht geboren, Weicheier werden gemacht.«

Eigentlich hätte der junge Mensch auch sterben können, und auf einen heiligen »Hoden-Henry« hatte ich ehrlich gesagt keinen Bock. Wenn da noch meine Ex-Freundin aufgetaucht wäre und mir einen Vortrag über Aufsichtspflicht gepredigt hätte, wäre ich ebenfalls von ganz oben ins Wasser gesprungen und hätte mich ertränkt. Aber dieses Horrorszenario blieb mir glücklicherweise erspart.

Oft stehst du als pädagogischer Mitarbeiter mit einem Bein im Grab oder im Knast. Es gibt immer Situationen, da bleibst du sprachlos und stehst neben dir. Vielleicht wurde ich damals in jener Situation mit viel Glück zugeschüttet. Wieder mal war nichts passiert. Wir hatten nach dem Besuch im Felsenbad eine Sonderbelehrung durchgeführt, um das lebensgefährliche Springen zu verbieten. Es gab mehr als 1000 Gründe. Ich weiß nicht, ob sich unsere Schützlinge daran gehalten haben. Heute gibt es Kletterparks oder auch attraktive Erlebnisbäder, wo der

Bewegungsdrang unserer Schützlinge gestillt werden kann. Eine Einladung zu meinen Jungs in die Ringerhalle gibt es gratis dazu. Auch Bungee-Jumping haben wir mit unseren Jugendlichen durchgezogen. Bis heute ist zum Glück alles unfallfrei ausgegangen.

Und die Moral von der Geschichte? Die harten Sachen werden nur vor Ostern gemacht, damit die Erinnerung an Henry ewig bleibt. Frohe Ostern – blaue Eier. Denn wer Ostern Spaß mit den Eiern hat, kann ja bekanntlich zu Weihnachten mit einem biologischen Zuwachs rechnen.

Henry ist übrigens heute Vater von vier Kindern. Respekt! Demnach hat der Sprung vom Felsen der Familienplanung nicht geschadet. Vielleicht wird eines seiner Kinder Stuntman. Einfach abwarten, nicht gleich abheben und springen.

Wie Sie merken, kommen Lehrer und Erzieher täglich in Situationen, wo ein Gewährenlassen auf den ersten Blick unverantwortlich scheint ...

9. Susi, der Fußballstar

Ich habe nach wie vor großen Respekt vor ehemaligen Schutzbefohlenen, die meinen Weg gekreuzt und intensiv begleitet haben. Rückblickend weiß ich, es war mir nicht immer möglich, mich einhundertprozentig professionell zu verhalten. Das funktioniert auch nicht. Da ich schwer erziehbar bin, sowieso nicht. Wer etwas anderes behauptet, der hat sicher noch nicht lange genug mit Kindern und Jugendlichen gearbeitet. Für meine Fehler und partielle Blindheit möchte ich mich an dieser Stelle in aller Form entschuldigen. Und gerade weil ich um meine Unvollkommenheit weiß, halte ich bis heute einen guten Kontakt zu vielen meiner ehemaligen Heimkinder. Ich bin sehr glücklich, wenn ich bei einstigen Schützlingen einen angenehmen Eindruck hinterlassen konnte und das, obwohl es sehr oft Konflikte und schwierige Situationen gab. Viele einzelne Begebenheiten habe ich vergessen und meine Schutzbefohlenen erfreulicherweise auch. Ich glaube, das ist die Schutzfunktion der menschlichen Seele. Oft konnte ich schwierige Situationen irgendwie meistern und habe als Feuerlöscher den pädagogischen Flächenbrand erfolgreich gelöscht. So bin ich heute selbstbewusst genug, um mir einzubilden: »Ja, ich habe einen guten Job gemacht und das macht mich unbeschreiblich stolz.«

Die nun folgende Geschichte habe ich bewusst etwas verändert und mit Phantasie angereichert, damit jegliche Wiedererkennung ausgelöscht wird ...

Und da war er wieder, der schwererziehbare Erzieher mit dem Feuerlöscher. Es ging um Susi. Eigentlich ein Junge, der den Spitznamen Susi verpasst bekam, weil er mit einer selbstgebauten Steinschleuder den Hund vom Heimleiter unabsichtlich erschossen hatte. Der Name des erschossenen Hundes war Susi.

Susi kam mit den nicht unüblichen Symptomen und mit einer Vorgeschichte in unsere Einrichtung: Vernachlässigung, Schulbummelei, kleine Delikte, Diebstähle und eine beachtliche Portion von Körperverletzungen. Susi hatte einiges erlebt, was einen jungen Menschen völlig aus der ungesicherten Achterbahn werfen konnte. Erfreulicherweise machte der junge Susi bei uns irgendwann irgendwie eine sensationelle Karriere.

Auffallend war, dass Susi nie nach Hause wollte. Er las Bücher und hörte relativ gesetzte Musik. Eros Ramazotti war sein Idol. Auch dessen Frau Michelle Hunziker fand er ganz angenehm, obwohl die hübsche Blondine nicht ganz so erfolgreich singen konnte, aber dafür war sie im Gegensatz zu ihrem Gatten eben hübsch und das reichte. Susi aß gerne Fleisch von klappigen Huftieren, was seine Pferdetherapeutin einfach nicht verstehen wollte. »Gestern noch geritten und heute fress ich den Gaul mit Fritten«, witzelte Susi und einige Tierschützer hatten auf einmal tollwutartigen Schaum vor der veganen Schnauze. »Auch billiges Fleisch kann ab und zu eine gesunde Alternative zum Tofu sein«, war einer von Susis Lieblingssprüchen. Ich wollte auch nicht immer alles verstehen, was er so von sich gab.

Der Junge war mit einer sehr gesunden Optik gesegnet und seine geistigen Fähigkeiten waren mehr als ausreichend, um in unserer verrückten Welt etwas zu reißen. So entwickelte sich unser Susi vom Steinschleuderkönig zum Scharfschützen in der Kreisklasse seines Fußballvereins. Sportliche Aktivitäten machten Susi immer neugierig. Vom Balljungen bis zum Fußballstar zeigte Susi eine geniale Entwicklung. Da wuchs schnell ein kräftiger Bursche heran wie im kitschigen Märchenbuch. Doch wo ist der Haken beziehungsweise die andere Seite der Geschichte?

Erst viel später, als Susi eine richtig große Nummer im Fußballverein war, kam eine große Hakenleiste nach der anderen zum Vorschein. Die Aufhängevorrichtung entwickelte sich so:

Wie gesagt, Susi spielte leidenschaftlich gern Fußball. Man konnte ihn mitten in der Nacht wecken, um dann stundenlang mit ihm zu kicken. Jeder Tag wurde zum Fußballtag. Mit 17 Jahren konnte man Susi vor die Wahl stellen, entweder ein hübsches Mädchen oder einen Fußball. Er hätte sich immer für den Ball entschieden. Susi war kein Spätentwickler in Sachen Liebe. Schließlich hatte ich meinem Sprössling die erste Freundin besorgt. Ich sagte damals nur zu ihm: »Susi, das Prachtstück ist mega heiß. Das ist doch nichts für dich.«

Zu meiner Überraschung wollte der Stromer aber sofort die Telefonnummer der hübschen Blondine haben. Nach drei Wochen durfte ich meinem Schützling zur Langzeitbeziehung gratulieren. Was ich allerdings nicht ahnte: Susi hatte das Verhältnis schon lange wieder gelöst.

Genauso doof wie ich früher, dachte ich und machte das unnötige Problem aber nicht zu meinem.

Also Susi wusste schon zu gut, dass sein Penis nicht nur zum Urinieren da war. Aber erst kam der Fußball und dann kam wieder der Fußball und dann kam eine Weile nichts und dann kam wieder das Fußballspielen. Nach und nach passte einfach alles zusammen.

Ich kann mich noch gut erinnern, als ich mit Susi am Ostseestrand stundenlang mit dem Fußball gezaubert habe. Wir jonglierten uns das Spielgerät zu wie die braungebrannten Fußballgötter aus Brasilien. Es machte riesigen Spaß und ich wusste: Susi hat bestimmt das Potenzial, mal ein ganz großer Fisch im Gartenteich zu werden. Nur irgendetwas machte mich stutzig, aber ich konnte die Zeichen meines Bauchgefühls nicht richtig deuten. Fakt war: Susi kickte exzellent und wurde ein talentierter Mittelstürmer. Ballverarbeitung, Torschuss, Kopfballspiel, Technik, Kondition et cetera, alles überdurchschnittlich entwickelt. Andere Fußballvereine zeigten starkes Interesse an seinen Künsten.

Der junge Susi, der aus sehr einfachen Verhältnissen kam, genoss den aufkommenden Starrummel um seine Person und spielte immer gut. Er schlüpfte in die Rolle des Stars, was dem jungen Mann zum Verhängnis werden sollte. Das Unheil nahm seinen schleichenden Verlauf. Ich konnte es förmlich riechen, da ich zwei Spielzeiten im Dorfklub »Rote Rübe« mitspielen durfte.

Soccer war und ist im »Village der einsamen Herzen« einfach pure Leidenschaft. Hier ist Fußball eine Art Religion, aber vor allem das Theater des kleinen Mannes. Der besagte Verein »Rote Rübe« war top drauf. In der zweiten Saison gewannen wir alle Spiele. Susi wurde Torschützenkönig und zugleich der Liebling aller Fans. Vor allem die Frauen fanden die Spielweise von Susi sehr anziehend. Nach jedem Spiel, das gewonnen wurde, gab es immer alle Getränke frei. Da es nur Siege gab, wurde reichlich Freibier ausgeschenkt. Gerade nach Heimspielen saßen wir noch stundenlang zusammen und tranken ausgiebig Bier wie die Könige von Deutschland. Susi natürlich immer mit dabei. Obwohl es immer Gratisbier gab und Susi immer Geld von den Fans zugesteckt bekam, wollte er ständig mehr. Wenn die älteren Spieler zwei oder drei Bierchen tranken, soff er zehn bis fünfzehn.

Susi ging noch ins Vereinslokal bis zum Ausschankschluss und stellte ganz lieb und brav die Stühle mit hoch. So versuchte er schon als unhaltbarer Jungspund, mit den Großen mitzupinkeln. Dass sein Verhalten fragwürdig sein könnte, wollte Susi nicht hören.

Er lebte in einer kleinen Wohnung, deren Einrichtung komplett gesponsert war, in unmittelbarer Nähe eines Spielcasinos. Dort trank er öfter Kaffee und brachte die Automaten zum Glühen. Der Anfang vom Ende.

Wie ein Star ging Susi immer in Restaurants zum Essen. Er kochte sich nie selbst etwas zu Hause. Stars machen so etwas schließlich nicht. Er knallte die Kohle raus und die Mädchen standen bei ihm Schlange. Training, Disco, Spielcasino, Punktspiel und nebenbei ein bisschen Ausbildung. Wie das alles gleichzeitig möglich war, weiß ich bis heute nicht. Der schwererziehbare Erzieher stand mal wieder auf dem Schlauch. Sprachlos sah ich das Unheil kommen und fühlte mich gelähmt.

Susi gab in jeder Hinsicht Vollgas. Er fuhr auf der Überholspur und ließ die Reifen quietschen. Er borgte sich überall Geld. Natürlich unheimlich heimlich. Macht meiner Blindheit bemerkte ich nichts. Angefangen hatte es mit 10 bis 20 Euro und später wurden es bis zu 5000. Bald hatte der schlaue Susi den Überblick verloren. Ganz allmählich wurde darüber getuschelt, wie es halt immer so ist.

»Du kannst diesem Typ kein Geld geben, denn er nimmt es dir weg!«, war die heimliche Botschaft, die niemand aussprach.

Susi, Weltmeister der Rechtfertigungen, war sehr kreativ bei seinen Geldgebern. So meinte er: »Boys and Girls, ich brauche dringend Kohle, kann jetzt Fahrerlaubnis machen, muss Möbel kaufen, brauche eine neue Karre, habe Mietschulden und seid jetzt bloß nicht zu geizig!«

Im Verein wollten trotzdem alle helfen. Das clever eingenommene Cash wurde ordentlich verprasst oder ganz brav dem Spielcasino gespendet.

Übrigens, bis auf die Mietschulden war alles gelogen.

Susi war echt sehr, sehr großzügig. Seinen Mätressen erfüllte er alle Wünsche, kaufte Schmuck und zückte gönnerhaft seine nagelneue Designer-Brieftasche. Er spielte den liebenswerten Robin Hood in der Provinz.

Ein weiterer Zug war keine echte Lokomotive, sondern eine gemietete Limousine, mit der Susi zum Punktspiel eingeflogen wurde. Ein schlechtes Gewissen konnte ich bei ihm nicht ausmachen, und die chronisch verblödeten Geldgeber machten immer weiter ihre Kohle locker. Sein fragwürdiges Verhaltensmuster konnte oder wollte Susi nicht ablegen, wie einen alten und durchnässten Regenmantel. Er machte fleißig weiter und lebte wie ein verschwenderischer, französischer Perückenkönig, obwohl sein Aussehen dagegen immer mehr dem eines dicken, glatzköpfigen Buddhas entsprach. Billiges deutsches Bier der Marke »Nierentritt« und die aufblähenden und unerotischen Nebenwirkungen zeigten ihre optischen Resultate. Dick aber schick nannte Susi sein haariges und unförmiges Feinkostgewölbe. *Kleines dickes Susi* wurde der neue Spitzname des Hobbykickers, in Erinnerung an den genialen Stürmer Gerd Müller vom FC Bayern München.

Ich glaube, in dieser Phase hat Susi keinen Cent an seine Sponsoren zurückgezahlt. Stattdessen begann er ein Verhältnis mit einer verheirateten Frau.

Susi wurde zum Prachthirsch und einfachem Freiwild vieler weiblicher Wesen. Sein Motto war: »Am Tag kümmere ich mich um die Männer und in der Nacht um die Frauen.«

Und das tat er dann auch. Schnell, zuverlässig und gewissenhaft wie sein großes Vorbild Lothar Matthäus. Nur in seinem Fall eben mit dem Geld von anderen.

Eines Tages benötigte Susi ein schnuckliges Liebesnest, um seiner Dame des Herzens zu zeigen, wo sein Hämmerchen der Leidenschaft hängt. Mit ein bisschen Aldi-Atom-Spray auf die müffelnden Drüsen wurde das Gehirn abgeschaltet und das Fortpflanzungsorgan aktiviert. Susi hatte mal wieder einen genialen Plan. Ein Gastspieler unserer Fußballmannschaft stellte ihm eine Bleibe zur Verfügung, und zwar die Wohnung seiner Eltern in Berlin. Die Eltern des neuen Susi-Freundes waren verreist. Er bekam den Schlüssel mit dem Hinweis, keinen Blödsinn zu machen und rechtzeitig die Wohnung zu verlassen. Natürlich kam alles ganz anders.

Also zunächst Bahn frei für Susi und Gespielin. Es ging ab nach Berlin-Hellersdorf. Dort wartete das Apartment der geheimnisvollen Lust, eine sehr elegant eingerichtete Altbauwohnung. Alles lief wie geschmiert. Einkaufen, essen und eine Runde durch die City. Da konnte doch nichts schiefgehen oder doch? Am späten Nachmittag hatte Susi seine preisgünstige Unterkunft bezogen. Der Schlüssel passte. Schnell die Wohnung besichtigt und entsprechend vorbereitet. Dann nur noch das Badewasser einlassen und den Sekt im Schlafzimmer deponieren. Susi war auch in dieser Hinsicht ein absoluter Profi.

Ich vermute, die Nacht war ganz in Ordnung. Nur am nächsten Morgen, als das Liebespärchen noch in den Federn lag und die typischen Übungen des Frühsports zu zweit absolvierte, platzte nicht das Kondom, sondern die Bombe. Plötzlich klappte die Tür und die verdutzten Eheleute, die offiziellen Wohnungsmieter, betraten ihr Zuhause, natürlich auch das Schlafzimmer, denn die dort herrührenden, sensationellen Geräusche waren zu verdächtig.

Nun muss man sich das mal vorstellen. Da kommt eine Familie etwas früher aus dem wohlverdienten Urlaub und zwei völlig unbekannte Menschen liegen in ihren Betten und befinden sich im tiefsten Liebesritual.

Oh nein! Oh doch!

Dass die Eheleute nicht in Ohnmacht fielen, grenzte an ein Wunder. Das Pärchen Hilde und Heinz, sie hatten ja keine Ahnung. Die beiden Bett-Tester natürlich auch nicht. Es dauerte lange, bis sich die Gemüter beruhigt hatten und die Polizei herausgehalten wurde. Nachdem Susi erklärt hatte, wie er überhaupt an den Wohnungsschlüssel gekommen war, durfte er mit seiner eingeführten Prinzessin die Wohnung verlassen. Im unlustigen Rededuell fragte der splitternackte Susi, ob er den Schlüssel ihres Sohnes behalten solle oder gleich hier abgeben könne. Susi hätte eigentlich ganz gern die Zusammenarbeit mit der weiblichen Welt noch etwas weiter vertieft. Der ältere Mann, also der Heinz, brüllte nur: »Geben Sie sofort den Schlüssel her und lassen Sie sich nie wieder hier blicken!« Dann brüllte er weiter: »Das kann doch nicht wahr sein! Hier läuft ein nackter Mann durch unsere Bude und will unseren Schlüssel auch noch behalten. Wenn mein Sohn nach Hause kommt, gibt es ein Feuerwerk!« Die holde Hilde fügte gewinnbringend hinzu: »Und rasiert ist der Kleine wie ein Pornostar!«

Sehr aufmerksam, denn Susi stand immer noch nackt da. Wo die Alten nur hinschauten?

Berlin war nur eine von unzähligen Anekdoten seiner skurrilen Beziehungskisten. Unseren Berliner Gastspieler habe ich nie wiedergesehen. Ich hoffe, das Wort zum Sonntag seines Vaters hat er therapiefrei überstanden.

Den Kontakt zu Susi habe ich ebenfalls verloren. All seine Schulden hat er bis heute nicht beglichen. Seine Geschichten dagegen werden wohl bestimmt noch in 100 Jahren erzählt werden. Susi hat sich ins Ausland abgesetzt und lebt angeblich als Baumfäller in Kanada.

Wer es glaubt, wird selig.

10. Beim Psychologen oder wie der Werteverfall seine Unschuld verlor

Als Erzieher im Kinderheim gehört es zum Alltag, dass man die Kinder und Jugendlichen zu vielen Arztbesuchen begleitet, wobei hier eine Leitrichtung Anwendung findet: »Was der Jugendliche selbstständig kann, sollte er allein stemmen, wenn die Zumutbarkeit gegeben ist!«

Ich erinnere mich sehr gut an einen Arztbesuch, bei dem der 16-jährige Jugendliche aber eben nicht in der Lage war, diesen allein zu bewältigen. Diese sogenannte Zumutbarkeit, von der häufig die Rede ist, war dort nicht gegeben und es wurde eine lustige »Zumutung«, um es so zu formulieren. Auch für den schwererziehbaren Erzieher ...

Es war also so, dass eine Mitarbeiterin eines Morgens fragte: »Ralf, kannst du mal schnell helfen? Es gibt ein Problem. Der Pickel-Peter muss zum Hautarzt!« Da unser Team sich immer untereinander half, wenn es möglich war, erklärte ich mich selbstverständlich bereit, diesen Spezialauftrag anzunehmen und mit »Pickel-Peter« den Hautarzt in der Stadt zu konsultieren. Da wusste ich allerdings noch nicht, was mich erwarten sollte. So fragte ich ganz locker und gut gelaunt: »Betty, mein Herz, wo klemmt denn der Schuh? Was hat Peterchen denn für ein Problem?«

»Ralf, setz dich erstmal hin!«, bekam ich zur Antwort. »Entspann dich und atme tief durch.«

Ich runzelte die Stirn und entgegnete: »Hey Betty, mach hier nicht einen auf Alarmstufe-Rot-Queen. Time is money und mein Buch schreibt sich auch nicht von alleine!« Nach einem für die Entwicklung der Geschichte immens wichtigen dramaturgischen Moment der Stille spielte ich dann den Seriösen und fragte: »Wo brennt es denn beim Pickel-Peter?«

Die Spitznamen benutzen wir übrigens nur hinter vorgehaltener Hand, also meistens, also öfter, also ist schon vorgekommen, also ... ach, ist doch egal. Ich wurde umgekehrt auch selbst schon oft mit bemerkenswerten Spitznamen gesegnet. So wurde ich zum Beispiel getauft, als King Ralf, Monsterchen, Schleifer, Glatzkopf, Hurensohn, Affe oder Drill-Sergeant. Da durfte ich schon stolz sein. Nur mit dem Hurensohn war ich etwas schockiert, da ich noch nie davon gehört hatte, dass meine Mutter nebenbei noch anschaffen ging. Also diesen Zweitjob verschweigt sie mir bis heute. Aber zurück zum Pickel-Peter.

Betty schilderte mir in lebhaften Bildern, dass sich der Peter einen unangenehmen Ausschlag im Intimbereich eingefangen hätte und zur Krönung des Ganzen habe sich die »Königin aller Eiterbomben«, wie sie es formulierte, auf seinem besten Stück niedergelassen. Und dies wäre definitiv eine Spezialaufgabe für einen Experten im Genitalbereich. Nachdem sie fertig war mit ihren Ausführungen, sah mich Betty eindringlich an. Mit dem Experten schien sie wohl mich zu meinen.

Na klasse, dachte ich und mir wurde übel. Nachdem ich meinen Würgereiz überwunden hatte, überlegte ich und gab mir anschließend ein kurzes Briefing zum Pickel-Peter:

Peter war körperlich und geistig eigentlich normal entwickelt. Trotzdem wirkte er in vielen Situationen überfordert, verwirrt und verträumt. So gab es Phasen, wo ich mich fragte, was der undurchschaubare Rabauke wieder auf der Pfanne hatte. Also für außergewöhnliche lustige Episoden lieferte Peterchen jede Menge Stoff. Er hatte zum Beispiel eine Freundin. Mit ihr übte er, also zumindest behauptete er dies, regelmäßig das Ritual der Paarung. Nur jetzt, mit diesem unangenehmen Ausschlag im Schritt, musste dieser zweifelhafte Akt der Freude eine Auszeit nehmen. Seine Freundin sei wohl deswegen ziemlich traurig, hätte aber Verständnis für die prekäre Situation.

Also, dass die Freundin Verständnis hätte, glaubte ich Peter aufs Wort. Aber dass es diese Freundin überhaupt gab, nicht.

Jedenfalls kämpfte Peter seit seiner Pubertät ständig mit hartnäckiger, unschöner Akne. Sein Gesicht war von einer auffälligen Kraterlandschaft gezeichnet. Da hätte sich die Natur wirklich etwas anderes einfallen lassen können, tat sie aber nicht. Aber zu jedem Topf passt ein heißer Herd, und so fand eben auch Peter seine vermeintliche Traumprinzessin. Gerne berichtete er ausführlich und »en détail« über seine täglichen sexuellen Experimente. Peter nannte seinen Penis »Lumpenstrumpf« und erzählte mir freudestrahlend, wie sein kleiner Lumpi zum großen Lumpen werden konnte. Mit solcher Art von Aussagen musste man erstmal lernen umzugehen, kann ich Ihnen sagen.

Also, seine Freundin hätte sich wohl angeblich nicht beklagt, aber dies taten die Damen ja allgemein nie. So was kannte man ja aus diversen Gesprächen in Umkleidekabinen und von Stammtischen. Alle Männer auf diesem Planeten sind bekanntlich gut bestückte Hengste und die Frauen lachen sich heimlich oder teilweise auch öffentlich darüber tot.

Jedenfalls zwang der hartnäckige Ausschlag unseren Peter zum sexuellen Time-out. Also eine dermaßen ausverkaufte Pickelparade, wie die am guten Stück von Peter, hatte ich noch nie gesehen und möchte ich ehrlich gesagt auch nie wieder sehen. So etwas braucht echt kein Mensch. Peter war es verständlicherweise peinlich, mir solch einen Einblick oder besser gesagt Anblick zu gewähren. Und er tat mir wirklich leid, der arme Kerl. Mit seiner zwergenhaften Gestalt und einer Sehhilfe in der Stärke von Lupengläsern, war Peter sowieso schon eigenartig zusammengeschraubt. Außerdem gehörte er sicherlich nicht zu den sportlichsten Typen seines Jahrgangs und sein geistiger Zustand war überschaubar und schlicht, um es gelinde zu formulieren. Und jetzt auch noch so etwas. Unverblümt ausgedrückt: Peters pickliger Regenwurm musste zum Doktor. Dies waren also die vielversprechenden Zutaten, als wir Richtung Hautarzt in die City starteten. Das kann man natürlich alles auch anders ausdrücken, aber nicht, wenn man schwer erziehbar ist. Jedenfalls sollte es ein interessantes Drama werden.

Es war also ein Dienstag und ich fuhr mit Peter zum Arzt, weil er diesen hässlichen Ausschlag in der Nähe seines Skrotums natürlich so schnell wie möglich loswerden wollte, was völlig verständlich war.

Das Wartezimmer in der Arztpraxis brach vor lauter Besuchern beinahe auseinander.

Das war ja klar, dachte ich.

Irgendwie überfiel mich eine beklemmende Stimmung, denn die Hoffnung, dass dieser Besuch hier beim Hautarzt schnell ein Ende finden würde, starb diesmal nicht am Schluss, wie es der Hoffnung allgemein normalerweise innewohnt, sondern gleich am Anfang. Erschwerend kam hinzu, dass es meinem Peterchen nicht möglich war, über einen längeren Zeitraum ruhig auf seinem Stuhl zu sitzen. Nervig auffallend wackelte er mit seinem Oberkörper hin und her, wie ein abgerissener halbtoter Braunbär im Käfig eines drittklassigen Wanderzirkusses, wobei sein Kopf wie eine blinkende Rundumleuchte ständig Party machte. So dauerte es nicht lange und Peter wurde der Star des Wartezimmers.

Die Zeit verging einfach nicht. Wie ich dieses unnötig lange Ausharren hasste! Aber da ging es mir vermutlich nicht als Einzigem so. Um mich mal kurz aus der Situation zu befreien, erzählte ich Peter, dass ich dringend mal vor die Türe müsse, um ein sehr wichtiges Telefonat zu führen, welches absolut keinen Aufschub dulden würde. Ich brabbelte noch etwas von »Leben und Tod« vor mich hin und verließ den Raum, ohne zu ahnen, dass mein Peter in der Zwischenzeit nichts Besseres zu tun hatte, als sämtliche Patienten im Wartezimmer umfassend über meine menschlichen Eigenarten zu informieren. Eine Partnervermittlung hätte wahrscheinlich nicht gründlicher gearbeitet.

Als ich nach etwa zehn Minuten wieder im Wartezimmer aufschlug, war mein Peter verschwunden. Nach kurzem Schreck teilte mir jemand mit, dass er bereits im Behandlungszimmer saß. Während meiner Abwesenheit wurden wir mehrmals aufgerufen und Peter ging schließlich selbstbewusst allein zur geplanten Pickelanalyse. Eine ältere Dame berichtete mir, offensichtlich amüsiert, dass mein Pickel-Peter allen Leuten im Wartezimmer sein delikates Problem erläutert hatte. »Ja, der Junge ist halt etwas ganz Besonderes«, erwiderte ich mit einem sehr bemühten Lächeln in der Visage. Anschließend hetzte ich ins Arztzimmer und stellte fest: Hier gab Peter erst so richtig Vollgas. So erklärte er der lächelnden Hautärztin, dass sein Penis seit dem Ausschlag ein bisschen schmaler geworden sei und seine Freundin deshalb erstmal etwas Abstand genommen habe. Weiter führte er aus, dass sein gutes Stück jetzt zwar etwas kleiner wäre, aber dafür rieche wie ein ungemein Großer. Die Röte der Fremdscham schlug mir ins Gesicht und ich fragte mich, was das Ganze hier noch werden würde.

Zum Glück war die Ärztin verständnisvoll und stellte nach ausgiebiger Betrachtung die nüchterne Diagnose: »Altersgerechte Akne am Penis!« Peter bekam Tabletten und eine Salbe, die man mit speziellen Handschuhen auftragen musste. Zum Glück blieb mir dieser Vorgang erspart. Peter legte selbst Hand an. Diese Entscheidung war die einzig zumutbare für alle Beteiligten.

Einen wichtigen Hinweis gab uns die kompetente Ärztin noch mit auf dem Weg. Peter solle bis auf weiteres auf gar keinen Fall Geschlechtsverkehr oder Ähnliches haben.

Ach, der Arme, dachte ich und grinste in mich hinein. Das Peterle sah dies natürlich und regte sich auf: »Da lacht der wieder, da lacht der wieder, immer lacht der!«

Ich wandte mich kurz aus seinem Sichtfeld. Ein letztes Schmunzeln, eine finale alberne Fresse, dann drehte ich mich ruckartig zurück zu Peter und spielte den Ernsthaften. Ich zog eine Braue hoch und entgegnete: »Wer lacht hier denn? Hast du jetzt auch noch Akne auf den Augen, oder was?«

Eine Woche später war der Ausschlag in Peters Kampfgelände verschwunden, und zwei Wochen später hatte Peter einen Termin bei einer Psychologin. Ich war mal wieder mode und durfte mit der Lust eines Predigers, der sonntagmorgens vor leeren Rängen spielte, auch diesen Termin begleiten. Peters werte Frau Mama, mit neuem Lebenspartner im Schlepptau, war ebenfalls am Start, was dem Treffen die richtige Würze geben sollte. Nach einer Stunde Autofahrt erreichten wir das Ziel. Als wir das Wartezimmer betraten und mein Peterchen seine Mutti sah, war es vorbei. Wie ein Kleinkind setzte sich Peter auf den Schoss der Mama und knutschte sie von oben bis unten ab. Keine Fläche im Gesicht wurde vergessen. Wie ein Vorwerk-Teppichheber saugte er alle Falten ab und offerierte der Alten dadurch eine echte Alternative zu einer kostspieligen Schönheitsoperation. So wurden die Leute im Warteraum ordentlich verzaubert und staunten nicht schlecht über diese peinliche Schund-Roman-

Story. Ein Bild, welches selbst die gutmütigsten Götter in den Wahnsinn getrieben hätte. Ich tat so, als ob ich überhaupt nicht dazugehören würde und schüttelte in regelmäßigen Abständen den Kopf.

Mitten in der anhaltenden Knutschphase drehte sich Prinz Peter auffällig eifersüchtig zum Lebenspartner seiner Mutter und rief: »Der Typ riecht aus dem Maul! Was will das Wurstgesicht überhaupt hier?« Das Publikum im Wartesaal fing natürlich an zu lachen. Der Freund der Mutter dagegen, von der Szene schwer geplättet, wurde rot im Gesicht, erhob sich von seinem Stuhl und stampfte Richtung Ausgang. Den verprellten Liebhaber sah man dann auch nicht wieder. Angeblich soll er zum Bahnhof gelaufen sein, um sich dort ein paar Frustbierchen in den Rachen zu kippen. Auf jeden Fall hatte Peter seinen Rivalen gekonnt verbal »weggebissen«. Na, herzlichen Glückwunsch. Kreativität musste schließlich belohnt werden.

Peters Mutter wollte die Situation etwas entspannen und sagte: »Du Peter, der Heinz hat keinen Mundgeruch, der Heinz ist mein Freund.« Danach flüsterte sie: »Ich glaube, ich habe Mundgeruch. Aber nur ein bisschen, und das liegt daran, weil ich einen trockenen Hals hatte und vorhin was schlucken musste.« Der übervolle Wartesaal tobte vor Lachen. Es dauerte eine ganze Weile, bis sich wieder so etwas wie Normalität im Raum einstellte.

Auf einmal ging das Arztzimmer auf und ein mir unbekannter Jugendlicher kam heraus. Irgendwie schien dieser Auftritt auszureichen, um Ruhe in den Saal zu bekommen. Sämtliche Anwesenden blickten zu dem Teenager. Dieser nutzte die unerwartete Aufmerksamkeit um seine Person und rief: »Meine Damen und Herren, keine Panik, ich bin geheilt!« Es funktionierte, die Leute fingen wieder an zu lachen. Als sich alle beruhigt hatten, sah der Junge zu Peter, fing an zu grinsen und sagte: »Hi Peter Zinke. Hi, alter Stinke Zinke. Was machst du denn hier und wer ist das Mäuschen an deiner Seite?«

»Alter, das ist meine Mutter«, antwortete Peter.

»Echt?«, staunte der Andere. »Das war wohl `ne Teenager-Schwangerschaft, oder was?«

Wie sich anschließend herausstellte, kannten sich die beiden Experten aus einer psychiatrischen Einrichtung. Der junge Mann, ich nenne ihn hier Noby, war irgendwann früher zusammen mit Peter auf derselben Station in irgendeiner Psychiatrie, wo die zwei ordentlich rockten und den Ärzten einige Rätsel auftrugen. Der folgende Dialog der Beiden war aus meiner Sicht schon sehr speziell, aber auf jeden Fall unterhaltsam.

Noby: »Was machen deine Weiber?«

Peter: »Meine Alte hat Schluss gemacht. Kleines Penisproblem. Aber ich suche mir bald `ne Neue.«

Daraufhin drehte sich Noby in den Saal und sagte in angemessener Lautstärke: »An alle anwesenden Damen, hier sitzt Peter Zinke, er ist gut in Form, geimpft, entwurmt und stubenrein. Ich wiederhole, sein Name ist Peter Zinke, einfach der Gipfel der Evolution und der perfekte Frauenversteher!« Danach ließ der Junge eine kurze Pause und fügte anschließend hinzu: »Gibt es Fragen?«

Das war mein Stichwort, ich mischte mich ein und äußerte: »Sprichst du immer noch von einem Mann?«

»Nein«, sagte Noby, »aber wir sprechen hier von Stinke-Zinke, verstanden?« Es folgte erneutes Gelächter im Wartebereich und Noby nahm dies als Anlass weiterzumachen: »Du, Peter, ich hab´ deinen Onkel gesehen. Der hat richtig viel Haar am Kinn!«

»Mein Onkel hat gar keinen Bart«, sagte Peter.

»Na, dann war es eben deine Tante«, entgegnete Noby.

Diesmal war ich der Erste, der laut auflachte.

»Und da lacht der wieder«, echauffierte sich Klein-Peter. »Ja, da lacht der wieder! Da kann der lachen!«

Noby machte kurze Zeit später den Abflug. Er hatte seine Show und Peter dagegen bekam keinerlei positives Feedback von der Damenwelt. Eigentlich schade, wie ich fand.

Als Peterchen endlich aufgerufen wurde, durfte ich am Familiengespräch teilnehmen. Ich glaube, zwischendurch wurde zehnmal gefragt, ob wir die Gesundheitskarte vorgelegt hätten. In unserer Gesellschaft ginge es ja auch hin und wieder um das gute Geld und niemand solle hier schließlich in unserem »armen« Land verhungern. Ich war jedenfalls sehr gespannt, wie die Psychologin das Gespräch eröffnen, es führen und auch beenden würde. Damals war ich noch voller Erwartungen, doch was ich dort erlebte, war einfach unfassbar ...

Im Behandlungsraum herrschte das totale Chaos. Überall lagen Akten herum. Ich glaubte, in den Räumlichkeiten wurde gerade renoviert, da noch überall Eimer mit Wandfarbe herumstanden und weder Gardinen noch Rollos die Wände zierten. Kein Bild, keine Pflanze, einfach nichts, was das Zimmerchen etwas gemütlicher gemacht hätte. Die offenbar völlig überforderten Schwestern versuchten, der Unordnung entgegenzuwirken. Ohne sichtbaren Erfolg, wie ich feststellte. Eine peinliche Unruhe durchflutete den Raum.

Was läuft denn hier ab, peitschte mir durchs Gehirn. Die fachlich geschulte Seelenklempnerin stand völlig neben sich. Sie erinnerte mich an meine demenzkranke Oma, die früher jedes Mal in ihrem verwirrten Geisteszustand alle Schaufensterpuppen unseres Kaufhauses freundlich grüßte. In dem kleinen Praxisräumchen war einfach kein Platz. Das hielt die Angestellten trotzdem nicht davon ab, noch drei weitere Stühle hinein zu quetschen. Mit ein klein wenig Platzangst im Nacken wurde ich in die äußerste Ecke gepresst. Auf dem »Svenbertil«-Ikea-Stuhl hockend, bewegte ich mich keinen Millimeter. Ging auch gar nicht. Und dann startete das Theater.

In dem ganzen Trubel eröffnete die Psychologin die Gesprächstherapie wie folgt: »Na Peter, wie geht's? Du bist ja groß geworden.« (Hier fragte ich mich das erste Mal, ob man für so eine Fleischtheken-Weisheit eigentlich studiert haben musste.)

Peter: »Gut.«

Psychologin: »Was macht deine Freundin?«

Peter: »Die Alte habe ich nicht mehr. Ich brauche keine Freundin, ich nehme die Sache jetzt selbst in die Hand.«

Oh mein Gott, dachte ich. Ich schaffte es nicht mehr, mich zusammenzureißen, und musste lachen, schon wieder und durfte es aber irgendwie nicht. Zu meinem Glück lachten alle.

Na ja, außer Peter. Dieser drehte sich zu mir um und fluchte: »Und da lacht der wieder! Wieder lacht der! Der lacht immer!«

Nach einer kurzen Pause kam der zweite Versuch der in jeder Hinsicht verschnupften Psychologin. *Zumindest werden hier einige Viren verteilt*, dachte ich und weiter ging's.

Psychologin: »Nimmst du deine Medikamente regelmäßig, Peter?«

Peter: »Natürlich nicht! Der Mist hilft mir sowieso nicht! Ich muss mir schon jeden Tag ´ne Salbe auf den Sack schmieren, da habe ich genug zu tun.« Tja, und das war der Moment, in dem alle Dämme der Vernunft brachen. Jetzt gab es kein Halten mehr. Ein nicht enden wollender Lach-Flash meinerseits setzte ein.

Am Ende wurde das Gespräch nach zwei Minuten und einer Anfahrt von einer Stunde plus zwei Stunden Wartezeit abgebrochen. Na, so etwas nannte ich doch mal effektiv, aber bloß nicht darüber nachdenken. Hauptsache, die Gesundheitskarte wurde ordnungsgemäß durchgezogen. Beim Verlassen der Arztpraxis rief Peter erneut: »Da lacht der wieder! Der lacht immer!«

Das stimmte. Ich musste wieder lachen und durfte zu meiner Verwunderung nicht mehr an zukünftigen Gesprächen, oder was immer das sein sollte, teilnehmen. Alberne Erzieher wären schwererziehbar und für derartige Problembehandlungen angeblich nicht zielführend. Da konnte auf jeden Fall etwas dran sein. Die fehlende und notwendige Ernsthaftigkeit in gewissen Situationen haben mir so manche Tür verschlossen. Und wissen Sie was? Ich komme damit gut klar. Ich werde meinen Humor niemals verlieren, denn sonst kann es nur bitterernst werden und das wäre überhaupt nicht mein Ding und außerdem verdammt langweilig.

Zum Schluss mein schwererziehbares Fazit: Dieses Gespräch hätte ich nicht viel besser versauen können.

Zwei Tage später lag ich mit einer bösen Erkältung im Bett. Ich vermutete, dies war die gelungene Rache der alten und verschnupften Seelenprinzessin. Ich glaubte damals, ich hätte den falschen Beruf gewählt. Aber es gab und gibt genügend Menschen, die hat es noch stärker getroffen, die haben den falschen Partner gewählt und das ist meistens gar nicht so lustig.

Was Peter heute so anstellt, außer den Fernseher, weiß ich wirklich nicht. Den Kontakt habe ich verloren. Ich hoffe, es geht ihm gut und er hat die richtige Partnerin gefunden. Das meine ich wirklich ehrlich.

Verstehen Sie mich nicht falsch. Ich will hier keine Berufsgruppen diskreditieren. Ich kenne sehr gute Therapeuten und psychologische Mitarbeiter, die ich sehr schätze und verehre. Nur zu Peters Zeiten empfand ich die psychologische Beratung lediglich als ein unterhaltsames Kaspertheater. Ich denke, der schwererziehbare Erzieher hat sich bei mir fest eingebrannt und akzeptiert keine anderen Herangehensweisen.

11. Schussfahrt vom Brocken

Mit einer ordentlichen Portion selbstbewusster Einbildung darf ich heute rückblickend und voller Stolz sagen, dass ich viele Ausflüge mit auffälligen und unauffälligen Kindern und Jugendlichen ziemlich angenehm gestaltet habe. Also die meisten jedenfalls, und ganz ohne irgendwelche Zwischentöne funktioniert es oft sowieso nicht. Interessante Erlebnisse zu ermöglichen, ist eine wichtige Voraussetzung, um Frustrationen, Unzufriedenheit und Langeweile entgegenzuwirken. Wesentlich ist hierbei, dass der spätere, angestrebte Erfolg im Vorfeld gut vorbereitet wird. Und wenn ich ehrlich bin, dann war ich oft eher schlecht vorbereitet, und so kann eben auch schnell mal was in die Hose gehen. Das nur mal so nebenbei, aber kommen wir zur Story ...

Unsere Einrichtung machte des Öfteren Station in einigen idyllischen Orten am Rande des Hochharzes. Hier gab es keine typischen Hochhausbestien im hässlichen Großstadtgrau. Hier habe ich, man glaubt es kaum, keine sozialen Brennpunkte wahrgenommen. Hier war die Welt noch in Ordnung. An einigen Ecken lächelte noch ganz charmant der Sozialismus. Die Leute in den Harzgemeinden waren einfach sie selbst und sehr entspannt. Das kam bei meinen Schützlingen richtig gut an und ist deshalb so bemerkenswert, weil sich die täglichen Konflikte und Auseinandersetzungen unserer halbwilden »Lieblinge« deutlich in Grenzen hielten. Ein sehr angenehmer

Nebeneffekt. Einzig unser Big Boss in der Chefetage war nicht so entspannt, wenn ich die finanziellen Rahmenbedingungen präsentierte. Sein Standardspruch »Das ist eine wirklich beachtliche und vor allem schlechte Idee, Herr Gertke!«, klingt mir heute noch in den Ohren. Aber Wintersport hat bekanntlich seinen Preis. Bei den Gesprächen versuchte ich jedes Mal, mit Engelszungen den Kostensatz durchzusetzen. Die Verhandlungen waren immer hart, und ich wusste, wenn die Halsschlagader unseres Chefs die Größe eines Fahrradschlauches angenommen hatte, musste ich von meinen unmoralischen Forderungen etwas Abstand nehmen. Es sei hier angemerkt, dass es dennoch immer Möglichkeiten und auch Geld gab. Also die Parole »Harz, wir kommen!« wurde jedes Jahr realisiert. Da ich selbst ein erklärter Harz-Fan bin, war ich froh, dass ich für diese Touren immer nominiert wurde. Unsere Wandertouren umfassten meist Strecken von 20 bis 30 Kilometer Länge. Im Winter gab es einige abenteuerliche Ski-Wanderungen. Auch der eine oder andere kurze Abstecher ins Krankenhaus war leider keine Seltenheit. Zum Glück gab es meistens nur leichte Verletzungen.

Der Großteil der uns anvertrauten Kinder kannte so ein niedliches Überlebenstraining überhaupt nicht. Die Besteigung des Brockengipfels war bei jedem Wetter eine anstrengende und spannende Angelegenheit. Ich glaube, es war eine Kneipenidee, den Brocken im Winter mit einem einfachen Schlitten zu besteigen und als Höhepunkt die Abfahrt mit dem Gefährt zu genießen. Aber genau das taten wir, zumindest dort, wo es möglich war. Also wurde das Paket »Harz-Ausflug« geschnürt und unserem Chef die finanzielle Unterstützung ans Herz gelegt, etwa so viel, bis die Halsschlagader die Größe des erwähnten Fahrradschlauches erreicht hatte.

So fuhren wir also vor einigen Jahren mit der ganzen Truppe nach Ilsenburg, um wieder einmal dem Brocken den Kampf anzusagen. Ich machte meine mir anvertrauten Teenager immens neugierig, und so starteten wir in den Februarferien voller Energie und Motivation ins abenteuerliche Schneevergnügen.

Unsere Unterkunft war relativ primitiv. Eigentlich hätte nur noch ein uraltes Plumps-Klo gefehlt. Aber ansonsten war alles völlig ausreichend und überhaupt: Meckern verboten! Die Rahmenbedingungen waren gut und günstig, sehr zur Freude unseres Chefs. Natürlich hatten wir mal wieder einen Jungen mit, von dem ich wusste, dieser wird mir schon mindestens hundert Mal zeigen, dass er anwesend und präsent ist. Ich nenne ihn in dieser Geschichte Marvin, weil Kevin mittlerweile schon so abgedroschen ist. Marvin sah auf jeden Fall seine Aufgabe darin, Prinz Störenfried zu spielen und die Erzieher in Schach zu halten.

Nachdem wir unsere »Luxusherberge« bezogen hatten, stürzten wir uns am zweiten Tag ins Schneeabenteuer »Operation Brocken«. Der Aufstieg gestaltete sich schwieriger als erwartet. Der Wind war eisig und die Höhe des Schnees betrug sagenhafte 1 Meter 50. Es schneite immer weiter, immer dichter und mein lieber Marvin hatte seine Tabletten nicht genommen. Selbstverständlich war das meine Schuld und somit

1:0 für Marvin! Falls er austicken sollte, war ich natürlich der böse Erzieher. Ein geiles Gefühl!

Langsam, ganz langsam kamen wir voran. Weder die anderen Kinder der Gruppe noch Marvin kannten so ein perfektes Winterwetter. Zwei Mann pro Schlitten, Verpflegung im Rucksack, so kämpften wir uns Schritt für Schritt in Richtung Gipfel. Nach zwei Stunden und einer endlos erscheinenden Schneeballschlacht kam die erwartete, übliche Nebenwirkung: Marvin-ALARM!

Er hatte einen fiesen Schneeball in die Weichteile bekommen. Wutentbrannt wollte er den zielsicheren Schützen plattmachen und den netten Ausflug abbrechen. Er brüllte wie am Spieß: »Fick dich, du Schwuchtel, Penner, Wichser, ihr seid doch alles Assis!« So versprühte mein kleiner Marvin eine ordentliche Überdosis Fäkalsprache.

Ich wollte schnell deeskalieren, hielt den aufgebrachten Bengel mit sanfter Gewalt fest und sagte übermütig: »Marvin, ich war früher genauso wie du, deshalb war ich die meiste Zeit im Knast!«

Aber auch dieser Spruch hatte keinen Erfolg. Voller Hass und Wut schenkte mir der verprellte Junge nur einen schrägen Blick. Es dauerte eine ganze Weile, bis wir Marvin mit gutem Zureden und Süßigkeiten wieder salonfähig beziehungsweise brockenfähig gemacht hatten. Was sich ein schwererziehbarer Erzieher in den Kopf setzt, wird knallhart durchgezogen. Es gab kein Pardon. Marvin geht nicht allein nach Haus! Okay, dieser Wortwitz würde jetzt mit Kevin besser passen, aber man kann nicht alles haben. Außerdem hätte weder der eine noch der andere bei diesem Wetter den Rückweg gefunden.

»Oh, ist das böse«, stammelte Marvin, aber ich hörte ganz aufmerksam weg.

Nach einer Stunde Schweigemarsch machte sich ein leichter Unmut breit. »Wie lange dauert das noch, und wann sind wir endlich da?«, stöhnte Marvin.

Ich: »Äh, gleich. Es dauert bestimmt nicht mehr lange.«

Marvin genervt: »Das haben Sie schon vor einer Stunde gesagt, ich komme nie wieder mit!«

Ich: »Aber wenn du nicht mehr mitkommst, wird mir etwas fehlen.«

Marvin noch genervter: »Was wird Ihnen fehlen?«

Ich sah ihn an und fauchte beinahe schon pädagogisch wertvoll: »Dein ständiges Gemaule! Das wird mir fehlen! Das hat so etwas Befreiendes, da kommen Glücksgefühle hoch, da fliegen mir die Pickel aus dem Arsch!«

»Wollen Sie mich jetzt dumm anmachen?«, blubberte Marvin in seinen pubertären Milchbart. »War ja klar, dass Sie den Scheiß lustig finden!«

Damit war dieses Thema für ihn und mich erledigt. Vorläufig.

Endlich sahen wir die Brockenbahn und das massive, imposante Gipfelgebäude. Ein großartiges Gefühl der Erleichterung breitete sich in allen Teilnehmern aus. Ich glaube, selbst Marvin war nicht ganz unzufrieden. Nur das Wetter beruhigte sich nicht. Der Wind wurde zum hartnäckigen Schneesturm und die Temperatur sank auf zwölf Grad unter null. Kurz vor dem Gipfel zeigte sich für einen Moment die Sonne. Gab es etwa doch einen gütigen Gott?

Auf jenes wüste Winterwetter waren wir nicht vorbereitet und entsprechend unpassend gekleidet. Marvin hatte keine Handschuhe dabei und somit eiskalte Hände. Also gab ich ihm meine Handschuhe. Das hat er übrigens bis heute nicht vergessen.

Marvin, der keine Schlägerei ausließ, in jedem Supermarkt Ladenverbot hatte, wusste jedoch die kleinen Freuden des Lebens zu schätzen. Der Junge verhielt sich zumindest an diesem Tag nicht mehr auffällig und strahlte wie ein Sonnengott über alle Backen. Auch er hatte den Brocken bezwungen. Herzlichen Glückwunsch Marvin, mein kleiner Don Krawallo.

Ich schoss noch ein paar Fotos und ging mit meinen »Goldstücken« in die Gipfel-Gaststätte, um uns alle mit einem heißen Kakao zu belohnen. Die Gesichter der Kinder waren zauberhaft. Alle strahlten um die Wette. Ich sollte dann noch viel mehr strahlen, denn ganz zufällig unerwartet stand plötzlich mein Onkel Heinz hinter mir. Er hatte anders als wir den Gipfel mit der Brockenbahn erklommen und war bereits gut aufgewärmt. Ich schätze, er hatte schon den einen oder anderen *Schierker-Feuerstein*-Likör vernichtet. Jedenfalls lud er mich zu einem Tee ein. In meiner grenzenlosen Naivität nahm ich diese Offerte natürlich an.

Ich zeigte meinem Onkel unsere kleinen Eisvögel, die sich ganz lieb und brav ihren wohlverdienten Kakao schmecken ließen. Onkel Heinz setzte sich zu uns. Ich hätte wissen müssen, dass dies nichts Gutes bedeutete. Ich trank das gesponserte

Getränk viel zu hastig. Onkel Heinz hatte es mehr als gut gemeint. Der XXL-Becher-Tee war ordentlich mit Schnaps gefüllt. Es dauerte nicht lange, und ich bekam heiße und rote Ohren. Der Zaubertrank verfehlte seine Wirkung nicht.

Hoffentlich geht das gut, dachte ich.

Aufgewärmt und aufgetankt sollte nun der aktionsreiche Abflug auf sämtlichen Schlitten Richtung Tal beginnen. Ich konnte es kaum erwarten. Onkel Heinz winkte zum Abschied und legte ein paar Schokoriegel auf den Tisch. Dann torkelte er zur Belustigung meiner Eisprinzen quer durch den Saal. Aber auch ich hatte Probleme, aufrecht zu stehen, wie ich feststellen musste. Und als ich mit meinen Fahrgemeinschaften dann auch noch an die frische Luft kam, hätte ich Onkel Heinz erdrosseln können.

Ich dachte: *Ralf, du bist randvoll. Hoffentlich kriegen die Jungs, vor allem Marvin, nicht mit, dass ihr vorbildlicher Erzieher ordentlich Schlagseite hat.*

Also Parole: Aufrecht stehen, gerade laufen und zusammenreißen. Dann ging es auf die Schlitten, fertig und los. Ich platzierte den kleinen Marvin auf meinem Schlitten, und er sollte es bereuen.

Der erste Streckenabschnitt hatte es in sich. Mit Vollspeed rasten wir einen steilen Abhang hinunter. Ohne zu bremsen, ging es 300 Meter in Richtung Tal.

Auf einmal schrie Marvin mit unüberhörbarer Panik in der Stimme: »Sie können ja überhaupt nicht lenken!«

Aber alles, was ich in meinem schnapsgeschwängerten Hirn hatte, war: *Hoffentlich kommt hier zu allem Überfluss nicht noch eine Alkoholkontrolle.* Der Gedanke war natürlich Schwachsinn, aber was denkt man nicht alles, wenn man »hacke« ist.

Der Schnee peitschte unaufhörlich in mein Gesicht. Eigentlich müsste ich doch jeden Moment wieder nüchtern sein. Gott, war mir schlecht. Doch es gab kein Zurück. Wir lieferten uns Schlachten, warfen uns gegenseitig vom Schlitten und machten die typischen unfreiwilligen Schnee-Erfahrungen. Kurzzeitig verschüttet, befreiten wir uns gegenseitig aus den Schneewehen. Auf ziemlich seltsame Weise und vor allem zum Glück gab es keinerlei Verletzungen und das trotz zahlreicher heftiger Stürze. Ich glaube heute, ich bin damals keinem einzigen Baum ausgewichen. Eigenartigerweise beschwerte sich niemand. Hatte sich etwa allgemeine gute Laune festgesetzt, oder was?

Einsame Wanderer beobachteten uns und konnten sich vor Lachen nicht mehr auf den Beinen halten. Wie ein Schneetorpedo donnerten Marvin und ich die Piste hinunter. Den Schlitten brauchten wir nicht mehr. Nach wie vor keine Verletzung. Wie lautete gleich nochmal das abgedroschene Sprichwort? Ja, ja, die Dummen und die Besoffenen haben fast immer Glück, oder so ähnlich.

Zum kurzzeitigen Entspannen gab es einige flache Passagen, in denen wir uns für ein paar Sekunden neu sortieren konnten. Aber dies währte nur kurz, und schon ging es weiter. Das stürmische Wetter machte uns jetzt nichts mehr aus. Das Adrenalin sorgte für ein angenehmes Rauschen und ich war von der Onkel-Heinz-Knaller-Brühe immer noch leicht gedopt.

Ich war beinahe wieder nüchtern, da lamentierte Marvin, dass er die Schnauze voll von seinem Piloten hätte und er das Steuer vom Schlitten selbst übernehmen wolle. *Kein Problem*, dachte ich. *Der Marvin bringt mich sicher ans Ziel. Der Marvin kümmert sich um mich.*

Und wir kippten auch tatsächlich nicht mehr so oft vom Schlitten und waren plötzlich die Helden der Piste. Er hatte mich und unser Schneefahrzeug voll im Griff. Kein Wunder, er war ja auch total nüchtern. Da ist das doch keine Kunst. So mutierte Marvin unerwartet zum verantwortungsbewussten Edelschleimer. Ich konnte es nicht fassen, alles ganz ohne Ritalin. Jedenfalls war ich wieder völlig nüchtern. Wenn es läuft, dann läuft es.

Noch hatte keiner aus meiner Truppe Eisbeulen von der Kälte. Das sollte sich jedoch im Laufe des Tages noch ändern. Auf den letzten gefühlten sechs bis sieben Kilometern war nichts mehr mit Abfahrt. Das bedeutete, wir mussten die Schlitten mühselig durch den tiefen Schnee zerren. Die jungen Wilden waren bedient. Jetzt war es genug. Trotz dieser unschönen Anstrengung gab aber keiner auf, und ich hatte das Gefühl, selbst Marvin wollte seinen guten Nachmittagseindruck nicht zerstören.

Es wurde kälter und kälter und die Dämmerung kam immer näher. Sehr schnell wurde es dunkel. Stockdunkel. Marvin blickte zu mir und flüsterte: »Ne schöne Scheiße hier! Mir ist arschkalt!«

Ich polterte sinnlos motivierend: »Jungs, das ist doch mal eine echte Grenzerfahrung.«

Aber solche Sprüche wollte keiner meiner Helden hören.

Die jungen Hüpfer schleppten sich wacker weiter. Das Motto »Stehenbleiben bedeutet erfrieren« wurde zum unausgesprochenen Leitsatz meiner Schneemann-Truppe. Endlich blitzten aus der Ferne, einer Fata Morgana gleich, die Lichter unserer Unterkunft auf. Hoffnung machte sich breit. Völlig entkräftet und durchgefroren stolperten wir in die spartanische Herberge, die plötzlich von allen gepriesen wurde, als sei sie das *Tulemar Resort* auf Costa Rica oder so etwas in der Art.

Im Keller hängten wir unsere völlig durchnässte Kleidung zum Trocknen auf und Marvin zeigte mir als erstes seine Unterhose.

»Was ist denn das???«, fragte ich entsetzt, und es gelang mir nicht, den Ekel in meiner Stimme gänzlich zu unterdrücken.

Marvin murmelte voller Stolz: »Das, was Sie hier bewundern dürfen, Herr Gertke, ist mein Öko-Schlüpfer. Vorne Sonne und hinten Waldweg.« Anschließend grinste er dreckig.

Ich konnte mich vor Lachen kaum halten. Mit Glucksen in der Stimme empfahl ich ihm: »Also bei solch einem finsteren Waldweg würde ich sofortige Entsorgung vorschlagen.«

Marvin meinte nur: »Nee, nee, nee, der Schlüpfer bleibt schön da, wo er ist. Außerdem wird der Sondermüll erst im nächsten Monat abgeholt.«

Na, dieser Junge ist doch mal umweltbewusst, dachte ich und sagte: »Wo du recht hast, hast du recht, Marv. Bei schwierigen Abfahrten kann es schon mal dünn durch den Hintern plätschern und wenn es läuft, dann läuft es eben.«

Irgendwann ging es dann endlich zum Duschen. Die nette Herbergsmaus hatte ordentlich geheizt. Ein herrliches Gefühl, wenn der Körper mit Wärme geflutet wird. So langsam kamen wieder etwas Leben und Farbe in die Gesichter meiner Eisprinzen.

Zum Dinner gab es eine von mir heißgeliebte Suppe mit Hackfleisch und Gemüse. Die kleine Küche stand unter Knoblauchalarm.

Marvin bediente sich großzügig und grinste breit und quer über sein Gesicht. Und ganz nebenbei meinte er: »Nächstes Jahr komme ich auf jeden Fall wieder mit. Diese Schneehölle ist einfach geil. Aber eins ist klar. Ich lenke den Schlitten! Denn so, wie Sie herumgegurkt sind, hätte man denken können, Sie sind besoffen wie ein Schlagersänger beim Dorftanz.«

»Ich doch nicht! Unverschämtheit!«, spielte ich den ernsthaft Empörten. In Gedanken verwünschte ich meinen Onkel Heinz und lächelte unauffällig in mich hinein.

Nach dem Abendessen hievten sich die ersten übermüdeten Schneewanderer in ihre Betten. Sie waren sichtlich angeschlagen, ausgelaugt und kaputt. Aber die Kinder waren glücklich, selbst Marvin, wie mir schien. Sie hatten einen schönen, abenteuerlichen Tag gehabt, und ich hoffte, dass er unvergesslich bleiben würde. Mit den übriggebliebenen kleinen Superhelden drosch ich noch ein paar Runden Karten.

Als schließlich alle im Bett waren, betrachtete ich mich im Spiegel. Ein paar Falten, aber keine Pickel am Allerwertesten. Vielen Dank, mein lieber Marvin.

Ganz heimlich trank ich mit der attraktiven Herbergsmaus noch ein leckeres Dienstbierchen. Die Götter waren endlich wieder mit mir. Ein unterhaltsamer Tag näherte sich seinem Ende. Ich fühlte mich genau wie die Jungs sauwohl und fiel todmüde ins Bett, aber erst nachdem ich die kontaminierte Unterhose von Marvin mit Hilfe einer extragroßen Grillzange heimlich in eine Mülltonne entsorgt hatte. Einer muss schließlich hin und wieder die Drecksarbeit erledigen.

Mit einem zufriedenen Grinsen schlief ich ein und stellte mir vor, wie Marvin am nächsten Morgen in allen Ecken seine heißgeliebte Öko-Buchse suchen würde.

12. Das Piratenschiff

Das Piratenschiff war eigentlich eine beliebte und extravagante Yacht. In meinem Fall war es Kern eines pädagogischen Konzepts für besonders schwierige Kinder und Jugendliche. Eckart von Hirschhausen sagte einmal sinngemäß: »Kinder sind niemals Fehlkonstruktionen, sondern immer ganz besondere Spezialanfertigungen.«

Ich hoffe, diese wertschätzende Hypothese hat nach wie vor viele Sympathisanten.

Eine zentrale Frage, die sich uns Erziehern immer wieder stellt, ist: Was können wir für unsere auffälligen Kinder tun, damit sie ausreichend gestärkt in dieser verrückten Welt zurechtkommen und aufrecht laufen? Und was müssen wir mit Kindern und Jugendlichen tun, die völlig aus der Spur geraten sind?

Gut, das sind zwei Fragen, aber welche Kinder meine ich? Um es klar auszudrücken, hier geht es um Kinder mit einer massiven Gewalterfahrung, sexuellen Missbräuchen, Schulaversionen, Alkohol-, Nikotin- und Drogenabhängigkeit und viele Beziehungsdramen in den eigenen oder auch in den Pflegefamilien. Oft schließt ein Problem ein anderes ein. Ich kenne viele Mitmenschen, die diese schwierigen Kandidaten als hoffnungslose und dauerhafte Pflegefälle bezeichnen.

Wer schon einmal das Vergnügen hatte, Kinder während ihrer Pubertät erleben zu dürfen, der versteht oft die Welt nicht mehr. Und wenn diese Geschöpfe eine schwierige

Vorgeschichte mit sich tragen, ist es erst recht unglaublich schwer, diese menschlichen Wesen auszuhalten. Gerade im Entwicklungsalter paart sich bei auffälligen Jugendlichen eine erschreckende Undankbarkeit mit einer ordentlichen Portion Verachtung auf viele Dinge. Tolle Zutaten, oder anders ausgedrückt, eine gefährliche Kombination für eine Überdosis Stress. Ich glaube, zu diesem Thema könnte ich drei Bücher schreiben. Mache ich aber nicht. Sonst würden sich viele meiner engsten Freunde nicht mehr fortpflanzen und das wäre doch sehr traurig.

Nun zurück zum Piratenschiff ...

Unser Caritasverband hatte einst eine Yacht angeschafft, sozusagen ein abenteuerliches Piratenschiff für genau diese schwierig zu behandelnden, verhaltensauffälligen Jugendlichen. Heute kann ich einschätzen, dass die Herausforderung auf unserem Schiff eine gute Idee war, um nicht jedes Kind in eine Psychiatrie abzuschieben. Dazu muss ich sagen, dass das Schiffsprojekt von einem tollen und kompetenten Sozialpädagogen geleitet wurde, den ich bis heute sehr schätze und respektiere. Ich nenne ihn Christoph.

Christoph verfügte über alle notwendigen Berechtigungen, die man für unseren Job brauchte. Ich war sehr voreingenommen und hatte am Anfang erhebliche Zweifel am Konzept und dessen Umsetzung. Doch Christoph hatte seinen Laden, in diesem Fall sein Piratenschiff, fest im Griff. Als er für die Caritas arbeitete, segelte er mit unserer gefährlichen Fracht von Deutschland über Dänemark, Schweden, Norwegen bis nach Polen und Russland. Die gesammelten Eindrücke und Erlebnisse sind heute noch einmalig und einfach unbeschreiblich. Christoph war der Kapitän auf seinem Piratenschiff und eine erlebenswerte Unterhaltungskanone. Die schunkelnde Nussschale war sein Ein und Alles. Es war sein Baby. Christoph behandelte alle Kinder und Jugendlichen fair und war völlig unvoreingenommen. Jeder bekam seine Chancen. Ich betone hier ausdrücklich die Mehrzahl des Wortes Chance.

Hart, aber herzlich trifft es ganz gut. Christoph verfügte nicht nur über den Körperbau von Bud Spencer. Als ich ihn zum ersten Mal sah, dachte ich, er ist es leibhaftig. Außerdem pflegte er konsequent sein leichtes Übergewicht. Das Konzept: Wir machen aus Piraten gerne ordentliche Matrosen, verlangte eine gute Vorbereitung aller verhaltensoriginellen Kursteilnehmer. Unsere Lieblinge brauchten kein Handy, kein Radio und keine CDs. Die Kinder lernten auf dem Schiff die Musik ihres Kapitäns kennen und lieben. Christoph spielte die erste Geige bei allem, was gespielt wurde. So trällerte die meiste Zeit irgendein Liedermacher aus dem Norden durch die Lautsprecheranlage. Heute weiß ich, es war der gute Hannes Wader. Das wirkte ganz entspannend und war natürlich gewollt. Christoph war ein alter, aber cleverer Fuchs. Viele Kinder lernten ein Musikinstrument spielen, meistens Gitarre.

Stück für Stück wurden die kleinen Piraten in die täglichen Aufgaben an Bord eingeführt. Mahlzeiten wurden meistens im Hafen bzw. an Land zusammen vorbereitet und eingenommen. Christoph arbeitete mit viel Lob und Wertschätzung. Das war seine logische Taktik. Aufkommende Konflikte wurden gleich bearbeitet bzw. konfrontiert. Das war nicht immer lustig.

Die wilden Kerle hatten eigentlich keine Zeit zum Rauchen oder um irgendwelchen Blödsinn auszuhecken. Das taten die auffallenden Egomanen selbstverständlich trotzdem, aber die Verhältnismäßigkeit stimmte zumindest.

An Bord des Schiffes gab es immer etwas zu tun. Teamarbeit stand ganz oben auf dem Projektplan. Das bedeutete viele Wartungs- und Reinigungsarbeiten. Aktionen, wie Wäsche reinigen, Essen zubereiten und so weiter, begleiteten die kleinen Piraten der Ostseeküste jeden Tag auf ein Neues. Das erinnerte mich irgendwie an die Geschichte der *Kelly Family*.

Freizeit in den fremden Ländern, in denen wir vor Anker liefen, wurde akribisch geplant und vorbereitet, sowie später gemeinsam reflektiert. So besuchten die kleinen Seemänner Gedenkstätten, Kinos, Schwimmbäder, Einkaufszentren, Freizeitparks, Museen, Sehenswürdigkeiten und Gaststätten, wo so manche kulinarische Leckerbissen probiert wurden.

Es mag für einige Leser merkwürdig klingen, aber diese Piratenkinder lernten wieder schreiben, rechnen und zeichnen. Alles sehr anschaulich und praktisch orientiert. Die verhaltensoffensiven kleinen Freibeuter passten sich erfreulicherweise schnell an und lernten viel über die bereisten Länder und deren Besonderheiten. Vorher kannte manch einer nicht einmal die eigene Hauptstadt, geschweige denn die zugehörige geografische Lage.

Christoph verlangte immer sehr viel von seinem Team. Wer herumtrickste oder sich geschickt um die anstehenden

Aufgaben drückte, spürte die knallharte Konfrontation durch ihn. Meistens reichte seine Stimme aus. Christoph hatte die Körpersprache eines Pitbulls, echt Hollywood-verdächtig. Er konnte ausgezeichnet den »Bad Boy« spielen, von jetzt auf gleich hatte er die Schmelztemperatur von Krupp-Stahl erreicht. Auf der anderen Seite war Christoph allerdings auch sehr einfühlsam und verständnisvoll. Wenn die kleinen Seeräuber ihre Sache gut machten, gab es immer viel Anerkennung und Lob. Alle angeblich so schwierigen Jungpiraten liebten Christoph. Er war Papst, Gott und Vorbild zugleich und immer echt cool dabei. Er war ein ganz besonderer Typ und kannte die Sprache der kleinen Gangster.

Sein Lieblingsspruch war: »Mit Kindern und Jugendlichen ist es wie mit Terroristen, da wird nicht viel diskutiert! Und außerdem mache ich hier nur meine Arbeit, ohne mich mit Ruhm, Ehre oder Geld herumärgern zu müssen!«

Es war immer ganz lustig, wenn sich Christoph durch die engen Räumlichkeiten des Schiffes quälte und schnaufte: »Vorsicht, Vorsicht, Vorsicht! Dicker Käpt´n!« In der einen Hand die Klobürste und in der anderen einen Eimer voller Würstchen.

Diese Klobürste in der Pranke keulengleich hin und her schwingend brummte Christoph nicht selten: »Nach der Produktion von Würsten, bitte bürsten!«

Wehe, wenn einer der kleinen Strolche Christoph »Kapitän Kacke« genannt oder getauft hätte. Ich hätte es gedurft, tat es aber nicht.

Also wer die Bordtoilette mit einer Bahnhofsabsteige verwechselt hatte, bekam echte Probleme. Übrigens kein Vergnügen, das stille Örtchen zu reinigen. Die deutsch-polnische WC-Ente hatte da einiges zu knabbern. Auch ein schwererziehbarer Erzieher kommt da schnell an seine Grenzen. Doch wer in den Topf kackt, darf ihn (das Scheißding) auch saubermachen!

Manche Kinder segelten von April bis Oktober. Danach wurde das Schiff winterfest gemacht und die Piratencrew trat ihre Pause im Winterquartier in Schweden an, um sich dort zielorientiert auf das neue Schuljahr vorzubereiten. Ein Ausbrechen war in der fremden Welt nur sehr selten möglich. Viele Kinder empfanden Deutschland als Paradies im Vergleich zu anderen europäischen Ländern. Dankbarkeit für das Gebotene machte step by step die Runde. Natürlich drückte oft das Heimweh. Logisch, aber Hilfe durch Erziehung tut schon mal weh. Alles andere wäre nur ein hilfloses »Eierkuchenprojekt«. Ich habe unendlich viele Tränen gesehen, aber auch Freudentränen.

Christoph du hast einen guten Job gemacht. Danke, vielen herzlichen Dank, dass ich dich kennenlernen durfte.

13. Part 1 - Zum Hafen

Um das beliebte Piratenprojekt bestens zu begleiten, benötigte Käpt´n Christoph viele zuverlässige Kooperationspartner. Oft ein abenteuerlicher Höllentrip. Meine Person wurde solch ein Gefährte für Christoph. Ich, der schwererziehbare Erzieher lernte das Konzept der Freibeuterstrategie mit all seinen Höhen und Tiefen kennen, da jedes Konzept an seine natürlichen Grenzen stößt.

So wurden die kleinen Terrorlieblinge sowohl regelmäßig als auch unregelmäßig zum Piratenschiff gebracht, respektive abgeholt. Viele Jugendliche hatten den Plan, die abenteuerliche Einladung zu benutzen, um dem pädagogischen Team mal ordentlich zu zeigen, was für harte Kerle sie selbst doch alle sind. Meistens kam es natürlich anders, weil Christoph die emotionale Ader der Rabauken geschickt und gekonnt aufbrach. Ich half ihm, so gut es ging, und legte hin und wieder einen kleinen Hafenurlaub ein, damit sich unser großer Steuermann ab und zu eine kurze und hochverdiente Auszeit genehmigen durfte.

Käpt´n Bud-Christoph-Spencer verbrachte teilweise zwei bis drei Monate ganz allein mit den schwierigen Klienten auf der Piratenyacht. Viele der Kinder und Jugendlichen hatten eine kriminelle Vergangenheit, auch Drogenkarrieren waren keine Seltenheiten. Christoph mochte die Jugendlichen, die nicht selten eine unberechenbare, faszinierende, interessante und kranke Persönlichkeit mitbrachten. Übrigens eine wichtige

Voraussetzung, um solch ein Projekt wie die Piratenyacht erfolgreich durchführen zu können. Ich, der schwerererziehbare Erzieher Ralf Gertke dagegen, war da meistens nicht so begeistert. Meine Aufgabe war es, Christoph zu unterstützen. So wurde ich zum Sicherheitsinspektor ausgewählt und durfte unsere Piratenyacht akribisch saubermachen. Eine selbstverständlich »hocherquickende« Tätigkeit, natürlich immer zusammen mit dem hochmotivierten Piraten-Junggangster-Klientel. Also richtig nette Arbeit. Christoph gab kurze, präzise Arbeitsanweisungen und meinte allzu oft: »Gott macht Urlaub und ich plane seine Urlaubsvertretung.« Ja, und dies erledigte er auch pflichtbewusst und zuverlässig. Aber nun zur Story ...

Eines Tages begab ich mich mit meinem Praktikanten Funki und einem anderen Jugendlichen nach Polen zum Stettiner Hafen. Zwei Uhr dreißig in der Nacht starteten wir unseren alten VW-Bus. Während der Fahrt jammerte Funki in einer Tour in Richtung meiner empfindlichen Ohren, dass er angeblich mal wieder pleite war. Der ländliche Kulturpessimismus unserer Region war gegen das nervige Herumgeheule meines Praktikanten lächerlich, oder eben gepflegte Montagsmotivation. Wie man es eben sah.

»Ist schon gut!«, knurrte ich nach einer Weile, weil mir das Herumgemaule irgendwann auf die Nerven ging. »Der Kaffee an der nächsten Tanke geht auf meine Rechnung.«

Wir waren alle etwas müde, wie das mitten in der Nacht eben so ist. Ich hatte es mal wieder im Urin. Kurz vor halb fünf wurde ich auf der Autobahn geblitzt. Der dämliche, schwererziehbare Erzieher hatte zu viel Gas gegeben. Die Freude über das zukünftige Bußgeld war selbstverständlich enorm. Vielleicht durfte ich ja bald meinen Führerschein in Flensburg besuchen?

Okay, calm down, Ralle, dachte ich. *Abwarten und beten.*

So gegen halb sieben Uhr morgens kamen wir endlich im Yachthafen von Stettin an. Die Piratencrew lag natürlich noch in den Federn. Kapitän Christoph krabbelte mit Blümchen-Boxer-Shorts aus dem Frachtraum. In seiner eleganten Bud-Spencer-Manier kam er uns entgegen und hielt mir zur Begrüßung ein kleines Bündel polnischer Geldscheine mit den Worten hin: »Jungs, jetzt erstmal frühstücken. Das schnucklige Hafenrestaurant liegt gegenüber unserer Anlegestelle.«

Laut Christoph sei es wohl das beste Haus am Platz, aber für deutsche Verhältnisse lediglich eine schmierige Bumskneipe, wie er mir außerdem versicherte.

Ich hielt mich mit solcherlei Kritik ordnungsgemäß zurück. Das Restaurant war völlig ausreichend und okay. Frühstück war super und keiner musste sich anschließend den Magen auspumpen lassen oder die Toilette tagelang blockieren. Nach der fettigen, ungesunden aber nicht unleckeren Futteraufnahme starteten wir mit unserer Arbeit. Selbst Praktikant Funki war für seine Verhältnisse hochmotiviert dabei. Kaffee und Frühstück gab es zuvor ja schließlich gratis. Und wenn der kleine Schmarotzer nichts blechen musste, war er auch irgendwie arbeitswillig. Meine Begeisterung dagegen hielt sich in engen Grenzen. Bis heute hasse ich Aufräumen und Saubermachen und lasse das lieber andere machen.

Jedenfalls überredete mich Christoph, ihm unseren VW-Bus für eine Weile zu überlassen. Er wolle in die Stadt fahren, um einige Ersatzteile zu besorgen, wie er meinte.

Ein paar unserer höchst eifrigen, halbwüchsigen Matrosen hatten in einer Mischung aus Frust und Dummheit einige wichtige Schiffsteile demoliert. Warum und weshalb habe ich nie aus ihnen herausbekommen. So ganz nebenbei wurde ein Feuerlöscher auf Funktionsfähigkeit getestet. Ein ständig frustrierter, jugendlicher Rabauke, Spitzname »Eddy-Ärger«, hatte sich als Hobby-Rambo versucht und unglückliche Renovierungsarbeiten vorgenommen. Leider mit Erfolg. Der Innenraum hatte etwas von einem kanadischen Winter oder, anders ausgedrückt, von einer Schaumparty am Ballermann. Für uns bedeutete dies, das Schiff vollständig auszuräumen, zu reinigen und entsprechend wieder einzuräumen. Das schwererziehbare Schiffspersonal stand unter gewaltigem Strom.

Erschwerend hinzu kam, dass sämtliche Bekleidung der Piraten gewaschen werden musste. Und der Rundumschlag ging noch weiter, denn die Haare der wilden Kerle wurden ordentlich abgesäbelt und danach aufgestylt. Anschließend wurden Finger- und Fußnägel geschnitten, übrigens meine Lieblingsbeschäftigung. Alles haben wir, wo es möglich war, selbst gemacht. Zwischendurch Essen kochen und immer und immer wieder abwaschen und abtrocknen. Die Piratenyacht hatte keine elektrische Spülmaschine. Waschmaschine und Wäschetrockner rotierten im Dauereinsatz. Heutzutage habe ich großen Respekt vor alleinstehenden Müttern und Vätern, welche Kindererziehung und Haushalt unter einen Hut bringen müssen. Für mich die wahren Helden des Alltags.

Hin und wieder bekamen wir unangemeldeten Besuch. So kam es nicht selten vor, dass einige neugierige superreiche deutsche Yachtbesitzer uns Geschenke überbrachten. Ich hatte irgendwie das dumpfe Gefühl, sie taten dies nur, um ihr unreines Gewissen zu beruhigen, und empfand solche Aktionen als heuchlerisch und herablassend. Aber die kleinen Piraten waren dankbar und unsere elitären Gelegenheitsbesucher waren interessiert und fanden die geplanten pädagogischen Mittel durchaus hervorragend und nachvollziehbar, wie sie äußerten. Als ich den Gästen erzählte, dass es heute noch in Richtung Schweden gehen würde, waren einige der reichen Schnösel dann doch kurz gelähmt und brauchten zumindest für diesen Tag keine fettige Botoxspritze. Es sollte ja schließlich niemand sein Gesicht verlieren.

Irgendwann war dann unsere Nussschale endlich aufgeräumt. Die Piratencrew hatte einen annehmbaren Job gemacht. Kapitän Christoph war mehr als zufrieden und lud uns zum Essen in die Stadt ein. Außerdem benötigte er noch eine Menge Nahrung für das Winterquartier in Skandinavien. Die Lebensmittel waren in Polen im Vergleich zu Deutschland preiswerter und ihre Qualität ziemlich gut. Die einzige Kritik, die ich hier anmerken möchte, ist: »Irgendwie roch alles nach billigem Parfüm oder streng orientalischem Knoblauch.«

Der schwererziehbare Erzieher atmete mutig ein und aus. Unfreiwillig wurde selbst damals schon der Mindestabstand eingehalten. Eigentlich kein Wunder, da ich kurz vorher stilsicher auch noch in einen großen Haufen Hundescheiße getreten war. Es dauerte nur wenige Stunden, und ich hatte die typischen Parameter polnischer Durchschnittsbürger angenommen. Also anpassen konnte ich mich schnell.

Ich weiß bis heute nicht, wie es uns gelungen ist, den Kleinbus so effektiv zu beladen. Acht Personen mit Gepäck für eine Weltreise plus Musikinstrumente und kistenweise Lebensmittel. Da ich mir im Vorfeld noch unnötigerweise neue Abfahrtsski gekauft hatte, gab es im Bus keinen Millimeter Stauraum mehr. Wieder mal eine typische Aktion vom schwererziehbaren Erzieher.

Es gab nicht mehr viel zu bereden, und so ging es ab durch die City in Richtung polnische Ostseeküste. Als wir durch die wunderschöne, wachsende Stadt Stettin fuhren, schlug Christoph sein Märchenbuch auf und erzählte seiner Crew etwas vom Pferd, wie es so schön heißt. Er sprach ganz ruhig und besonnen: »Schaut mal, Jungs und Mädels, da hinten liegt das Apartment von meinem Freund und Frauenversteher oder Beglücker, Giacomo Casanova.«

»Ist das nicht dieser schmierige, italienische Premierminister?«, fragte ich scherzhaft.

»Nur knapp daneben«, erwiderte Christoph. »Den ich meine, der lebte ehe in den 70ern und war der Moderator der Fernsehsendung *Das Leichenhaus der Volksmusik*, oder so ähnlich.«

Ich spielte den Interessierten und bohrte weiter: »Wo genau hat der nette Mann denn jetzt gewohnt?«

»Schau da drüben«, antwortete Christoph, ohne eine Miene zu verziehen. »Direkt auf deiner Seite. Die Apartments 91 und 92.«

»Warum hatte der Lustmolch gleich zwei Apartments?«, legte ich nach und grinste.

»Das ist wie beim Zahnarzt«, schlagfertigte mein Gesprächspartner. »Eins der beiden Apartments diente lediglich als großes Wartezimmer! Und glaub mir, das Zimmer war immer brechend voll!« Anschließend grinste Christoph so dreckig zurück, dass es einem visuellen Stinkefinger gleichkam.

Ich nickte zustimmend. Die meisten der kleinen Strolche lachten bedenklich auffällig und auffällig laut. Fast jeder außer mir hatte offenbar schnell kapiert, dass wir soeben an einem Bordell vorbeigefahren waren.

Nach viereinhalb Stunden Fahrt kamen wir endlich am Hafen von Swinemünde an. Schnell wurde auf der Fähre eingecheckt. Ich weiß noch, wie »Eddy-Ärger«, der Stinkerkönig, einen internen Furzwettbewerb veranstaltete. Christoph wurde schlagartig stinksauer, ohne jedoch handgreiflich zu werden. Er tobte wie ein angeschossener Grizzlybär. Sein freundliches Gesicht mutierte im Bruchteil einer Sekunde zu einer beängstigenden Monsterfratze.

Ich flüsterte zu Hippie Funki: »Wenn du so furzen könntest, ich wäre stolz auf dich.«

Dieser hatte Tränen in den Augen. Allerdings nicht vom Lachen, sondern eher vom Gestank dieser biologischen Fäkalbomben. Die Konsequenzen ließen nicht lange auf sich warten. Christoph machte lautstark seinem Unverständnis Luft.

Das Abendbrot für den Edelflatulenzer wurde auf Wasser und Brot heruntergespült beziehungsweise gebrochen. Für »Eddie-Ärger«, den Weltmeisterfurzer mit äußerst bescheidener Muskulatur, aber dafür übermäßigem Fettanteil, war das die Höchststrafe. Aber er ertrug diese Maßnahme überraschenderweise wie ein zäher Mann. Wortlos trabte der größte aller Pupskönige in seine Kabine und richtete sich pflichtbewusst für die Nachtruhe ein.

Nach einer halben Stunde legte das große Schiff ab. Auf der riesigen Schwedenfähre dauerte es sehr lange, bis alle Fahrzeuge und Passagiere ihren Platz gefunden hatten. Wir nahmen dieses Wasserungetüm eigentlich immer, wenn es nach Schweden ging. Das Auslaufen der Fähre wurde zu einem gemeinsamen Ritual. Einfach Wahnsinn, wie gigantisch das Hafengelände von Swinemünde mit den unzähligen Gebäuden und Krananlagen ist. Jedes Mal ein tolles Erlebnis, dies alles zu bestaunen.

Es schlug fast Mitternacht, als wir unsere Piratencrew endlich ordnungsgemäß in ihren jeweiligen Kabinen zum Schnarchen abgelegt hatten. Als sich unsere Schutzbefohlenen im Tiefschlaf befanden, lud mich Christoph zu einem Mitternachtstrunk in die Bar des Schiffes ein. Ich ging natürlich davon aus, der alte Seebär brachte uns jedem ein Getränk, aber weit gefehlt, er kam mit einem ganzen Tablett voller gefährlicher Flüssigkeiten angelatscht. Das erste Bier ging ab, wie vermutlich Reiner Calmund in der Jury von irgendeiner Kochshow, wenn man ihm gerade etwas Fettiges mit unaussprechlichem Franzmann-Namen zu fressen hingestellt hat. Eigentlich hasse ich unnötiges Druckbetanken, hielt aber dämlicherweise mit.

Ganz langsam machte mir das ständige Wackeln des Schiffes nichts mehr aus, obwohl ich normalerweise ziemlich schnell seekrank werde. Der Alkohol wurde hier im wahrsten Sinne der vermeintliche Retter in der Not. Wir führten allesamt angenehme Gespräche und erzählten uns lustige Geschichten sowie schmutzige Witze. Über *altfranzösisch* zum Beispiel und lauter andere solcher flachen, zahnlosen Schweinereien. Trotzdem kamen wir immer auf unsere tägliche Arbeit zurück. Christoph war von seinem Konzept überzeugt. Die Kinder und Jugendlichen wurden mit viel Verantwortung überströmt. Aufgaben gab es immer. Langeweile war ein Fremdwort. Nur die langen Reflexionsrunden waren hin und wieder sehr ermüdend, auch für meine Verhältnisse. Aber unstrittig war: Kapitän Christoph war der Boss, und ich wollte seine Entscheidungen keinesfalls in Zweifel stellen. So viel zum Thema der »einheitlich pädagogischen Erziehung«.

Irgendwann ging es in die Koje, und ich schlief wie ein Toter. Obwohl dieser Vergleich natürlich Schwachsinn ist, weil Tote ja nicht schlafen. Außerdem ist das Ding so abgedroschen, dass es mich wundert, dass es nicht dem lektorischen Regiment meines Verlages zum Opfer gefallen ist. Na, jedenfalls spürte ich das Schaukeln der Fähre zum Glück überhaupt nicht. Gegen fünf war die Nacht zu Ende. Ich hätte die stimmgewaltige Bordansagerin erschlagen können. Ich hatte maximal eine Stunde geschlafen. Total zerknirscht und übermüdet stand ich im Parkhaus der Fähre und wartete geduldig mit den anderen, dass wir endlich zum Festland übersetzen konnten. Ich trank nur Wasser und dachte, du trinkst nie wieder Alkohol.

Nach einer gefühlten Stunde waren wir an Land. Anschließend fuhren wir nochmal dreihundertfünfzig Kilometer auf den unendlich langen Straßen kreuz und quer durchs Wikingerland. Eine kleine Snackpause mit Toilettengang legten wir aber ein. Christoph passte genau auf. Keiner unserer großen Kinder hatte die Möglichkeit auszubrechen, zu rauchen oder irgendwelche Dinge umzulagern. Wie immer hatten wir einige Meisterdiebe dabei, die jede Gelegenheit nutzten, um Zigaretten zu stehlen oder andere Objekte beiseitezuschaffen. Das auffällige Verhaltensmuster, wie zum Beispiel gegenseitige Beleidigungen, Diebstähle und Körperverletzungen, wurde langsam, ganz langsam aufgeweicht. Christoph war dahingehend hartnäckig wie Herpes an der Oberlippe. Außerdem verfügte er über einen geschulten, scharfen Medusa-Blick.

Ich frage mich bis heute, wie der Mann mit weit über fünfzig Lebensjahren diesen täglichen Stress aushielt.

Irgendwann waren wir endlich in unserem schwedischen Winterquartier angekommen. Es war mittlerweile bereits zwölf Uhr mittags. *High noon* sozusagen, oder was auch immer. Im Haus war jedenfalls viel Arbeit angesagt. Betten beziehen, Küche einrichten, Lebensmittel und Gepäck ausladen und so weiter. Ich startete in Richtung Kittchen und bereitete Kartoffelbrei mit Hackfleisch und Gemüse zu.

Automatikmodusfurzer-Eddy-Ärger durfte wieder zusammen mit uns am Tisch essen.

Nach meinem Küchendienst besuchte ich die kleine Sauna. Eine Stunde Schlaf wäre besser gewesen. Ich sah auf die Uhr. Noch eine Stunde, und ich würde ganz allein nach Deutschland zurückfahren müssen. Erst mit dem Autobus nach Kopenhagen und von dort aus mit dem Zug. Christoph wollte mich zumindest bis zur dänischen Hauptstadt begleiten ...

14. Part 2 - Zurück in die Heimat

Am späten Nachmittag verabschiedete ich mich von Funki, meinem Edelpraktikanten und auch von der Piratencrew. Ich blödelte in Richtung Funki: »So, Bürschchen, dein Herr und Meister verlässt dich jetzt. Ich hoffe, die frische Luft macht dich nicht irre und du wirst nicht schwanger.«

Dieser murmelte traurig zurück: »Wie soll ich hier schwanger werden? Das Haus liegt mitten in der Einöde und der nächste Ort ist dreißig Kilometer entfernt!«

Da hatte er ausnahmsweise recht. Funki hatte das zweifelhafte Vergnügen, jetzt zwei Monate lang mit dieser Rasselbande klarkommen und vor allem kooperieren zu müssen. Es dämmerte ihm langsam, auf was er sich da eingelassen hatte. Ich mochte Funki irgendwie. Wir waren ein eingespieltes Team. Um ihn aufzumuntern, klopfte ich Funki auf die Schulter und sagte: »Du machst das schon, mein Junge. Und denk immer dran, wenn du eine Frau wärst und schöne Brüste hättest, ich würde dich heiraten und du könntest ein sorgenfreies Leben führen. Aber weil du die nicht hast, tue ich das nicht.« Anschließend lachte ich dreckig und Funki lachte zum Glück genauso dreckig zurück.

Danach sagte er: »Mein Herr und Meister, ich nehme dich beim Wort!«

Er zog doch tatsächlich sein T-Shirt hoch und zeigte mir seinen beinahe durchtrainierten Vorbau. Na, da hatte ich mir vielleicht etwas eingebrockt, kann ich Ihnen sagen. Aber das

Leben ist hart, also spielte ich den ernsthaft Pikierten und entgegnete: »Gott, ist mir schlecht!«

»Na gut, einen Versuch war es jedenfalls wert«, meinte Funki und zerrte sein Shirt zum Glück für die gesamte Menschheit wieder herunter.

Damit war das Thema durch. Mit dem Hinweis, dass es wahrscheinlich auch in Schweden Kondome gäbe, verabschiedete ich mich. Ich fühlte mich total ausgelaugt und hatte keinen Bock mehr auf irgendetwas, schon gar nicht auf zweitausend Kilometer Fahrstrecke. Egal, ab nach Hause.

Christoph fuhr mit mir zusammen zur kleinen Fähre. Das hieß, dreieinhalb Stunden im Auto. Der VW-Bus hielt wie immer tapfer durch. Auf einem Minifloß, Fähre konnte man das Ding wahrlich nicht nennen, schipperten wir von Schweden nach Dänemark. Interessiert beobachtete ich ein paar irgendwie lustige Schmuggelgeschäfte. Das Böse lauert eben überall.

Wieder Festland unter den Rädern ging es zweieinhalb Stunden mit dem Kleinbus weiter. Irgendwann kam ich nach Kopenhagen. Die dänische Hauptstadt war fantastisch anzusehen. Leider regierte bereits die Dunkelheit der Nacht am Himmel, aber die Lichter der großen Metropole lockten viele Menschen auf die Straßen. Am Bahnhof dauerte es eine Ewigkeit, bis ich den Fahrplan und das richtige Zugticket erstanden hatte. Mein spärliches Flakhelfer-Englisch war dabei überraschenderweise ganz nützlich. Christoph verabschiedete sich etwas überhastet von mir. Ich war sicher, er hatte noch sehr, sehr viele Termine, aber ein Gentleman schweigt ...

Er gab mir noch den wichtigen Hinweis: »Kleiner, pass gut auf dich auf, hier gibt es viele Gauner und Taschendiebe.«

»Gauner und Taschendiebe?«, fragte ich etwas irritiert.

»Bleib ganz locker, mein glatzköpfiger kleiner Kollege«, erwiderte Christoph so unaufgeregt wie der Abgang einer Flasche Heidsieck-Monopole-Schaumwein. Dann lachte er und fügte noch hinzu: »Von 17 bis 19 Uhr haben die Taschendiebe ihren beliebten Yogakurs.«

Automatisch schielte ich auf den Wecker an meinem Handgelenk und entgegnete: »Christoph, es ist bereits weit nach 19 Uhr.«

»Ja, ja, nur keine Panik«, feixte er und schlug mir freundschaftlich auf den Buckel. »Nach 19 Uhr gehen die harten Jungs zur Kosmetik. Heute ist Samstag und ich glaube, da steht das Augenbrauenzupfen auf dem Programm. Ihr beiden, also du und dein Arsch, werdet die Ganoven heute höchstwahrscheinlich nicht mehr kennenlernen.«

»Na, da haben wir ja nochmal echt Glück gehabt«, sagte ich und zog eine Grimasse.

Wir umarmten uns und Christoph verschwand in der Menschenmenge. Er war immer und andauernd auf Achse und war ohne Zweifel kein Patenthalter auf Pünktlichkeit. Ich dagegen stand plötzlich allein und von allen guten Geistern verlassen auf dem Bahnhof herum und fühlte mich so einsam, wie ein ungeliebter Hund, der auf einer Raststätte zurückgelassen wurde.

In Dänemark durfte ich zwei Mal umsteigen, denn der Zug hatte Verspätung und so erreichte ich den Anschlusszug nicht.

Aber dank meiner rudimentären Kenntnisse der angelsächsischen Sprache, denn Englisch möchte ich das nicht nennen, was ich da von mir gab, und dänisch beherrschte ich schon gar nicht (Aber wer tat das schon?) und einiger netter mitreisender Passagiere hatte ich einfach Glück. Die hübsche Zugbegleiterin regelte die Fahrzeiten zu meinen Gunsten. Ich musste ein sehr trauriges Bild abgegeben haben, wie ich dort ständig mit meinen polnischen Abfahrtski irgendwo anstieß. Ich wirkte wahrscheinlich wie ein an Tourette erkrankter Zigeuner, der die Tabletteneinnahme verpasst hatte, nur eben ohne Ohrring und Pferdeschwanz. Obwohl? Na gut, Schwamm drüber.

Na, jedenfalls strandete ich mitten in der Nacht in Neumünster und hatte dort sensationelle vier Stunden Aufenthalt. Na klasse, was konnte man denn da um diese Uhrzeit so veranstalten, außer irgendwelchen Zombies beim Spritze aufziehen zuzugucken?

Wie ein Obdachloser strich ich durch die leeren und nassen Straßen und suchte irgendeine Spelunke. Diese sollte ich dann auch finden, angeblich ein Spielcasino mit allem, was das Männerherz begehrt. Ich platzte wie ein durchgeknallter Irrer in das schmierige Gebäude, im Schlepptau die neuen polnischen Abfahrtski. Ein Bild für die Götter des primitiven Humors. Die optisch sehr verschwitzten Besucher des Tempels der Sünde schauten mich ganz grimmig an.

Was für ein lichtscheues Gesindel, dachte ich nicht ganz unvoreingenommen. Es war erschreckend zu sehen, wie viele Leute ihrer Spielsucht nachgingen und planmäßig die

Automaten füllten. Ich war total übermüdet, dennoch machte ich kein Auge zu. Nicht in diesem Schuppen. Diese Penner hier drin hätten wahrscheinlich sogar versucht, nachdem sie mich mit ihrem schlechten Atem und Körpergeruch außer Gefecht gesetzt hätten, meine polnischen, bezahlten Skier irgendwie in den Schlitz des einarmigen Banditen zu quetschen, nur damit es weiterging. Ich bestellte mir einen Kaffee und spielte eine ganze Weile Billard.

Auf einmal, ich wollte gerade die letzte Kugel versenken, hörte ich eine gruselige Frauenstimme hinter mir flüstern: »Na, Zarter? Also wenn du richtig einlochen willst, legst du noch ein Fuffi drauf.«

Wie ein dusseliger Sozialarbeiter, und von denen gibt es einige, starrte ich die schmierige Dame des horizontalen Gewerbes an und brachte kein Wort hervor. Gott, war die hässlich!

Oh, wie armselig, dachte ich. *Komm Alter, du bist doch sonst so ein Großmaul, lass dir etwas einfallen.*

Die klebrige Prostituierte lächelte mit ihren schwarzen Zähnen und sagte: »Na, du bist wohl aus dem Osten und willst einen Zonenrabatt?«

Und genau das war die Sekunde, in der ich spürte, wie Erbrochenes meine Speiseröhre heraufwanderte.

Die musste doch ernsthaft glauben, ich wäre total bescheuert, und zwar in jeder Hinsicht. Als Nächstes aktivierte der schwererziehbare Erzieher Ralf Gertke zum Glück das stockende Unterbewusstsein. Er nahm all seine Sinne zusammen und sagte ganz nett und deutlich: »Du, Prinzessin, tut mir echt leid, ich bin todmüde, ich würde den Orgasmus nur vortäuschen. Da hättest du doch nichts davon und würdest mich dann wahrscheinlich um meine 500 Euro Honorar betrügen wollen.«

Etwas irritiert und mit richtig dämlichem Ausdruck in der übermüdeten, hohlwangigen Visage trabte die ausgemergelte Lust–Lola ab und tat mir etwas leid. Sie hatte ja nur ihren Job machen wollen.

Der Kaffee hielt meinen Adrenalinspiegel hoch. Ich hatte den Eindruck, dass alle Besucher des Casinos mich ständig beobachteten. Ich blickte auf meine Uhr und dachte: *Oh je, die Gauner, Taschendiebe und wer weiß was sonst noch haben gleich Hochkonjunktur.*

Mit letzter Kraft und Konzentration unterwies ich meine rechte und linke Sehgelegenheit, meine Gepäckstücke nicht unbeaufsichtigt zu lassen. Ein abgerissener Typ von der Marke »Rudi-klau-den-Rucksack« krallte sich trotzdem rotzfrech meine Tragetasche und schwenkte in Richtung Ausgang. Meine Wintersport-Holz-Bretter ließ er stehen. Das war sein Pech. Also schnappte ich die Dinger mit der Absicht, sie dem Penner ordentlich über die Rübe zu ziehen. Aber dann fiel mir ein: *Scheiße, du hast ja einen pädagogisch zwischenmenschlichen Auftrag!*

Meine alten Trainer lehrten mich, in jeder Situation cool zu bleiben. Na, Klasse. Ihre weisen Worte waren:

»Ein guter Erzieher provoziert zwar leicht, lässt sich im Gegenzug jedoch nicht leicht provozieren.«

Diese Sprüche haben sich in mir eingebrannt. Eigentlich wollte ich mir nie etwas gefallen lassen. Und schon gar nicht von einer Canaille, wie dieser. Also atmete ich tief durch und stellte Rudi, den Dieb, mit freundschaftlichem Nachdruck. Ganz, wie es mir meine Mutter beibrachte, deutlich und klar zu sprechen, sagte ich: »Junger Mann, Sie haben bestimmt Ihr Gepäck verwechselt, denn dieser Rucksack ist meiner!«

Rudi stellte sich blöd, war ja klar und entgegnete: »Sicher?«

Ich: »Ganz sicher.«

Er: »Entschuldigung, so etwas ist mir noch nie passiert.«

Ich: »Mir auch noch nicht.«

Eigentlich hätte ich ihn am liebsten in den Schwitzkasten genommen und die fettige Kaffeesahne in sein nicht weniger fettiges Haar massiert. Aber wie gesagt, cool bleiben. Und außerdem hatte ich keine Wegwerfhandschuhe dabei, um diese Aktion unbeschadet zu überstehen. Es blieb also alles ganz friedlich.

Der mit Narben übersäte Taschendieb erzählte mir, dass er hier der große Bums-Baracken-Besitzer sei. Ich glaubte ihm natürlich kein Wort. Eigenartigerweise erinnerte mich diese, als Homo sapiens verkleidete, primatenähnliche Kreatur an einen alten Übungsleiter, den ich mal kannte. Dieser nannte sich Trainer, war aber keiner. Ein sogenannter Arschengel, wie ihn der deutsche Seminaranbieter Robert Betz nicht besser hätte beschreiben können. Dieser Vogel hat uns Kinder im Stadtbad immer bestialisch getaucht, bis wir das Becken fast leergesoffen hatten. Abhärtung nannte er es, der Spinner. Typische ostdeutsche Aggressionselite. Wahrscheinlich musste er sich 25

Jahre zur *Nationalen Volksarmee* verpflichten, damit er wenigstens einen Bademeisterjob kriegte, dieser unterbelichtete Versager.

Na ja, ich habe es jedenfalls überlebt. Die kindliche Erinnerung machte es allerdings in jener Situation in der Spielhalle nicht einfacher, und ich konnte, so sehr ich mich auch bemühte, keine Sympathie für diese sprechende Toilettenbaracke, welche da vor mir stand, entwickeln. Der aufdringliche Rudi winkte der Dame am Spieltisch zu und bestellte zu meinem Erstaunen zwei Bier. Ich lehnte selbstverständlich ab. Allein die dreckigen Gläser trieben mir ein blumenkohlartiges Geschwür in den Mundwinkel.

Mit dem Hinweis, die Bestie solle mal wieder mit Seife duschen und anstelle von Hundescheiße lieber Zahnpasta benutzen, denn das zieme sich nicht für einen erfolgreichen Unternehmer wie er einer sei, verabschiedete ich mich und nahm Rucksack und Ski in meine persönliche Obhut. Anschließend bewegte ich mich in Richtung Bahnhof.

Mit dem ICE fuhr ich um vier Uhr fünfzig von Neumünster nach Hamburg, anschließend nach Göttingen und weiter bis nach Sachsen-Anhalt. Am späten Nachmittag kam ich zu Hause an. Im Zug konnte ich hin und wieder ein Schläfchen halten, aber wirklich Ruhe fand ich nicht. Ich sah überall Ganoven. Schließlich kam wirklich einer und wollte meine Fahrkarte kontrollieren. Irgendwann endlich zu Hause angekommen, war ich dann völlig fertig. Wenigstens hatten meine Abfahrtski die Reise unbeschadet überstanden.

Alles wackelte und drehte sich um mich herum, und mir war fürchterlich schlecht. Kurz unter die Dusche, für sexuelle Selbstversorgung zu müde, also raus aus der Kabine, danach kleine und große Geschäfte und endlich, endlich ab ins Bett, 100 Jahre durchschlafen wie ein glatzköpfiges Dornröschen. Schön, ein Zuhause zu haben.

Fazit: unterm Strich ein riesiger Aufwand, um das Schiffsprojekt der Piratenbande zu unterstützen. Ich stellte mir einmal mehr die Sinnfrage des Lebens und schüttelte den Kopf. Solange einem das Klopapier nicht ausgeht, geht es einem nicht beschissen. Mal sehen, was der nächste Trip nach Schweden bringen würde.

Dieser sollte sechs Wochen später folgen. Ich holte zwei junge Piraten und Hippie-Funki aus dem Winterquartier ab. Etwas überrascht musste ich feststellen, dass mein Edelpraktikant nicht schwanger war, obwohl er so aussah. Beim Radfahren benötigt er zwei kleine rote Fahnen, wegen der gefährlichen Überbreite. Nein, ich mache nur Spaß. Fürs Radfahren war er zu fett!

Übrigens den Rucksack und die polnischen Abfahrtsski habe ich heute noch. Das Schiffsprojekt gibt es seit vielen Jahren nicht mehr. Christoph genießt seit einigen Jahren seinen wohlverdienten Ruhestand, wie er es immer anstrebte, und zwar auf einem Boot an der Ostsee. Ab und zu besucht er seinen Freund »Casanova«. Aber so ist das eben. Manche heißen »Paolo Pinkel« im Puff und manche »Casanova«.

Ich wünsche unserem Kapitän alles erdenklich Gute, viel Gesundheit und stets eine Handbreit Wasser unterm Kiel.

15. Thüringer Klöße und der Tattoo-Schlumpf

Da ich weiß, dass soziale Arbeit sehr undankbar und darüber hinaus stressig sein kann, habe ich nach wie vor großen Respekt vor allen Mitarbeitern in diesem Bereich. Ganz besonders auch vor denen mit ihren kleinen Macken, die mich auf meinem Weg begleitet haben. Aus diesem Grund habe ich die nachfolgende Geschichte ordentlich aufpoliert. Es ist sicherlich kein Geheimnis, dass sich jeder nach einem anstrengenden Arbeitsleben besonders gern an lustige und skurrile Geschichten erinnert ...

In diesem Fall gab es einen sehr speziellen Mitarbeiter. Geboren zwischen Kult und Kommunismus wurde er ein linientreuer Genosse und stolzer Träger des Parteiabzeichens. Aber eigenartigerweise nur bis zur politischen Wende im Jahre des Herrn 1989.

Sein Name war Hastig, Hans Hastig. Für mich hieß er nur Agent Null-acht-fünfzehn oder vorbildlicher Mentor.

Hans hatte in seinem bewegten Leben bereits einige Granaten verschossen. Wenn er Lust dazu hatte, und das kam schon öfter mal vor, zauberte er in der Küche verdammt leckere Thüringer Klöße. Das Größenmaß für diese runden Spezialitäten nahm unser Hans von den Brüsten einer gut bestückten Mitarbeiterin. So legte der lüsterne Hans, wie es sich für einen selbsternannten Sternekoch gehörte, ordentlich Hand an, um das richtige Maß für die Klöße zu eruieren. Eine etwas unorthodoxe Vorgehensweise, die außerhalb von jeder Hippie-Kommune durchaus als sexuelle Belästigung durchgehen würde.

Wenn ich Hans fragte: »Du alter Schweinehund, welche Note bekommen deine Klöße denn heute?«, dann lächelte der gute Mann ganz verschmitzt und meinte: »Du, Stiftung Warentest sagt: sehr, sehr gut.«

Standen die besagten Thüringer Klöße auf dem Speiseplan, dann traf sich Hans klammheimlich mit seiner »Kloßgrößenberaterin« im Vorratskeller zu einer Dienstberatung. Dort tauschten die beiden Experten so manche delikate Rezepte aus. Bis heute wird immer noch das eine oder andere Mal nachgefragt, wer für den Durchmesser der Knödel verantwortlich war. Das bleibt nach wie vor ein offenes Geheimnis.

Laut Hans standen die Frauen früher dafür Schlange. Heute steht da keine mehr. Vielleicht haben die Frauen zu kleine Brüste. In einer großen Firma oder auch Einrichtung ist es nicht einfach, private und dienstliche Angelegenheiten vollständig zu trennen. Hans Hastig nutzte seine exzellenten Kommunikationsfähigkeiten, um auch andere Mitarbeiter mit seiner guten Laune zu versorgen. Wie ein in die Farbe »Gold wie Sonnenschein« getunkter Harmoniepinsel stand er im ständigen Austausch und suchte die ungewollte Nähe, insbesondere zu den weiblichen Angestellten. Ich dachte, die notorische Liebe zu den sekundären Geschlechtsmerkmalen war dem geschuldet, dass unser Hänschen bis zur Jugendweihe an der Mutterbrust gestillt wurde. Als ich ihn einmal damit konfrontierte, meinte er nur lapidar: »Das ist beinahe richtig, mein Junge! Nur, dass es nicht meine Mutter, sondern unsere Nachbarin war.«

Diese zugegebenermaßen ungewöhnliche Therapie mit den Thüringer Klößen war schon ein komisches Ding, kann ich Ihnen sagen.

Hans hatte bei uns, aus meiner Sicht, ein aufregendes und spannendes Leben. Seine Lockerheit und sein unnachahmlicher Humor waren einzigartig. Ich hatte immer den Eindruck, der Hans machte lieber seine Arbeit bei uns, als zu Hause bei Mutti. Er erzählte mir mal, dass der Einzige, der sich freute, wenn er nach Hause kam, sein Hund Bello wäre. Auch wenn er mit Schlagseite aus der Kneipe kam, Bello wedelte immer mit dem Schwanz und freute sich auf Herrchen Hans. Zweifelhaft legendär wurde er außerdem durch einen miesen Schwulenwitz auf Kosten unseres Heimleiters. So stellte Hans unbekümmert fest: »Unser Chef hat nun endlich die Liebe seines Lebens gefunden.« Dann tätigte er eine kurze dramatische Pause und fügte anschließend hinzu: »Aber leider macht sein Psychologe nicht mit.«

Oder ein anderes Mal äußerte Hans Folgendes: »Bei uns arbeiten zehn Männer, zwölf Frauen und der Einrichtungsleiter.«

Ich bitte Sie um Contenance, meine Leser. Da lacht man nicht!

Dass er unseren Big Boss so langweilig fand, dass ihm fast der Penis eingeschlafen wäre, erläutere ich hier nicht weiter.

Durch das allseits bekannte »Stille-Post-Prinzip« wurde selbstverständlich ich jedes Mal für solcherlei Sprüche mitverantwortlich gemacht und durfte regelmäßig zur Aussprache in der Chefetage antanzen und das, obwohl der alte Hans fast immer der Drahtzieher war. Ich schwöre!

Auf diesen gestandenen Hans also prasselte immer so einiges ein. Aber was war eigentlich sein Handicap? Nun ja, er war mit Abstand der »Fettnäpfchen-König« unseres Kollegiums. Was auch passierte oder wann immer es irgendwo knallte, ich hatte den Eindruck, Hänschen war immer dabei. Auch sein Abschluss als zertifizierter Entspannungspädagoge (nicht grinsen, gibt es wirklich) konnte da wenig ändern.

Unser treues Hänschen kämpfte verbal mit dem Bademeister und bat um Verständnis, als *Dirty Dirk*, ein typischer Junge unserer Einrichtung, ständig ins Schwimmbecken urinierte. Hans sagte mutig zum Planschaufseher: »Aber das machen doch andere Kinder auch.«

Antwort vom selbsternannten David Hasselhoff, dem Fachangestellten für Bäderbetriebe in pissiger Stimmlage – und diese Lautmalerei finde ich hier äußerst passend: »Ja, guter Mann, das kann schon sein! Aber doch nicht vom Startblock!«

Da hatte der »Master of Beckenrand« natürlich recht. *Dirty Dirk* bekam Badeverbot und für kurze Zeit den Spitznamen Pissi. Einen Tag später bekam Hans wieder Ärger, als besagter Pissi den Hund vom Heimleiter immer wieder in den Feuerlöschteich warf, um dessen Schwimmfähigkeit zu testen. Hans bekam eine fragwürdige Abmahnung und Pissi durfte eine Woche lang vorzeitige Nachtruhe genießen. Zur Strafe ging

Pissi mit Pfiffi immer eine Extrarunde Gassi, und der Feuerlöschteich wurde weiträumig gemieden. Nicht die schlechtesten Konsequenzen.

Genau zwei Wochen später ereignete sich Folgendes: Hans hatte mit unserem nagelneuen Bus ganz fürsorglich im Halteverbot geparkt. Er wollte ja schließlich nur eine Tüte Brötchen kaufen, da musste man doch echt nicht so kleinlich sein, oder was? Ehrlich, ich hätte den Bus genauso abgestellt. Schwererziehbare Erzieher sind nun einmal schwererziehbar. Vor allem, wenn es um sinnlose Regeln geht, die zwar keinem schaden, aber eben auch niemandem nützen.

Eine Minute später fiel ein riesiger Ast aus einer Baumkrone direkt auf unseren neuen Bus. Das gute Gefährt wurde förmlich in zwei Hälften geteilt. Technik, die begeistert. Das Resultat war ein klassischer Totalschaden. Zum Glück nur am Auto. Hans durfte danach nur noch den alten Kleinbus fahren. Tags darauf donnerte er mit diesem Vehikel durch ein fulminantes Schlagloch. Eigentlich war das nicht so wirklich zu übersehen, aber was wollte man machen, wenn man nur Klöße in der Birne hatte? Es gab einen lauten Knall, die Karre kam ruckartig und mit komischem Neigungswinkel zum Stehen und Hans sah im Rückspiegel, wie das eine Rad am anderen Rad vorbeirollte. Der Bus war vollbesetzt mit Kindern, die kamen erfreulicherweise alle mit dem Schrecken davon. Der Schrotthaufen kippte dann noch etwas mehr zur Seite, als mit lautem Knall noch etwas anderes abbrach und wurde anschließend endgültig ausrangiert. Nach mindestens einer Million Kilometern und fünfundzwanzig Jahren Hardcore-

Behandlung ist das okay. So lange hält heutzutage wahrscheinlich kein Auto mehr. Und schon gar nicht, wenn es so dermaßen drangsaliert wird, wie unser Kleinbus damals.

Es dauerte lediglich zwei Wochen und Hans Hastig hatte seinen nächsten Auftritt. Ich weiß noch, wie Pissi in der Innenstadt einen netten Klingelsturm veranstaltete. Natürlich wurde er mal wieder erwischt. Ein älterer kleiner Mann um die achtzig Jahre zeigte unserem Klingelstürmer, was er im Zweiten Weltkrieg gelernt hatte. Zwei kurze Stockschläge und ein kräftiger Popo-Klatscher und Pissi wurde aus dem Dorf getrieben wie das Frankenstein-Monster. Der Abdruck des Schlages war noch drei Tage später sichtbar und aus Pissi wurde eine Zeitlang Klatschi. Bei Spitz- und Gangsternamen können Kinder sehr kreativ sein. Vorbildlich wollte sich der schwererziehbare Pädagoge Hans mit dem Jungen und dem Herrn der Schläge aussprechen und sich entschuldigen. Ich weiß nicht, was der gute Hans erzählt hat. Aber die Sache ging verdammt nach hinten los. Hans wurde am Ende ebenfalls mit dem Krückstock des alten Mannes attackiert, obwohl Hänschen keinen Klingelsturm veranstaltet hatte. Verstehe einer den alten kurzbeinigen Opa. Kleine Menschen, zornige Zwerge, oder was? Jedenfalls machte Pissi oder Klatschi oder wer auch immer keine Klingelstürme mehr. Der Krückstock als pädagogischer Willensverstärker hatte in diesem Fall gute Arbeit geleistet. Sind das die guten alten Erziehungsmethoden? Alle in einen Sack? Ich glaube, das Ergebnis ist hinlänglich bekannt.

Hansens nächster sagenhafter Auftritt ließ jedenfalls nicht lange auf sich warten.

Ein dreizehnjähriger Junge ließ sich also einen Bomberjackenschlumpf auf den Oberarm tätowieren. Obwohl, *tätowieren* konnte man diesen Unfall wirklich nicht nennen, weil das Motiv »Bomber-Schlumpf« mit einer primitiven selbstgebauten Nadel eher verschandelt als gestochen wurde. Als ob das nicht genug war, wollte der Junge auf seinem Rücken auch noch einen Tigerkopf haben. Auch dieses Motiv wurde nicht wunschgemäß realisiert. Statt eines Tigerkopfs wurde dem Jungen dilettantisch eine Schüssel mit heißen Klößen - Hans war hier aber nicht der Künstler - auf den Rücken gekrakelt.

Fairnesshalber muss ich zugestehen, dass das Kloß-Motiv allerdings nicht ganz so stümperhaft umgesetzt wurde, wie der Schlumpf. Die Klöße waren dampfend dargestellt und das war irgendwie witzig. Kinder sind bekanntermaßen unberechenbar und dabei trotzdem kreativ. Jedenfalls wollte der Junge so schnell wie möglich seine Meisterwerke auf Oberarm und Rücken wieder loswerden. Völlig nachvollziehbar. Dafür beauftragte der gehackte Musterknabe seine inkompetenten Freunde, die Gemälde mit einer Drahtbürste zu entfernen. Das machten die Burschen natürlich auch. Schnell und zuverlässig. Nach dem lebensgefährlichen Drahtbürstenakt musste ausgerechnet wieder Hansi den Jungen ins Krankenhaus bringen. Dort wurde unser aufgebrachter Kollege mit entsprechenden Kommentaren provokant begrüßt.

»Oh nee, der schon wieder!«, schallte es da aus jeder Ecke. Man kannte sich halt schon.

Hans hatte sich nämlich ein paar Tage zuvor beim Stuhlgang den linken Finger abgequetscht. (Und auch hier lacht man nicht, meine Damen und Herren!) Tatort: Klobrille. Er wurde daraufhin sofort ins Krankenhaus verfrachtet. Ich konnte mir einfach nicht erklären, wieso ausgerechnet Hans ständig so etwas passierte. Das Grundrecht auf Peinlichkeiten hatte er eindeutig neu definiert, wenn nicht sogar erfunden. Die Notaufnahme entwickelte sich für ihn als sein zweites Wohnzimmer. Und seine für ihn immens wichtigen Lebensweisheiten, wie »Lieber eine Blinde im Bett als eine Taube auf dem Dach!« oder »Ein netter Seitensprung ist besser als eine alberne Paartherapie!« kamen einfach nicht bei jeder Fraktion gut an.

Obwohl die Krankenschwestern freundliche und selbstverständlich nicht minder erotische Damenbärte präsentierten, wurde der tätowierte Pissi-Klatschi, um den es eigentlich ging, in der Klinik nicht gerade liebevoll behandelt.

»Die kranken Schwestern«, so nannte Hans das unmotivierte Pflegepersonal, ließen so manchen unqualifizierten und unnötigen Kommentar ab. Unter anderem »So blöd kann doch keiner sein, und der tolle Erzieher duldet die ganzen Dummheiten auch noch!«, war noch das Harmloseste, was er in der Vergangenheit zu hören bekam.

Aber Hans, ein echter draufgängerischer Mann, nahm sich selbstbewusst, wie er war, die bösen kranken Schwestern zur Brust, denn jetzt ging es ja schließlich um seinen abgequetschten Finger. Also beschwerte er sich beim verantwortlichen Chefarzt. Sein Hinweis, man sollte den dicken

Geräten, gemeint waren die Krankenschwestern, mal ein überfülltes Dixi-Klo auf dem Buckel binden, nahm der Gott in Weiß genüsslich auf. Ein wundervoller Fehltritt, wie er später erfahren sollte. Denn eine Woche später kam Hans wieder in die Notaufnahme. Diagnose: akuter Blinddarm.

Und selbstverständlich erinnerten sich »die dicken kranken Schwestern« vortrefflich an den kleinen Hans mit dem unverschämten Maul. Ja und dementsprechend wurde er auch behandelt, zum Beispiel mit einem Katheter von der Größe eines Abflussrohres. Dies war sicher kein lustiger Pioniergeburtstag, denn Hans stöhnte und fluchte im OP-Kleidchen wie Dieter Bohlen mit einer Mandelentzündung und das, obwohl er den cleveren Musikproduzenten wirklich mochte. Da konnte man sich doch lieber einen Schlumpf auf die Haut tätowieren und später mit einer rostigen Drahtbürste entfernen lassen.

Ich sollte an dieser Stelle allerdings erwähnen, dass zumindest der behandelnde Arzt vernünftigerweise eine sanfte Operationsmethode für Hans in Betracht zog und diese dann zu dessen Glück auch anwendete und umsetzte.

Sowohl Hans als auch sein Schützling wurden letztendlich gut behandelt und waren begeistert. Die Schmerzmittel waren einfach klasse.

Auch die Einstellung unserer Krankenschwestern hat sich seit vielen Jahren wirklich angenehm entwickelt und verbessert. Das schreibe ich allerdings nur, weil ich keinen Bock auf einen Riesenkatheter habe. Oder vielleicht doch?

Übrigens ist Hans seit vielen Jahren nicht mehr unter uns. Der billige Alkohol konnte den bösartigen Krebs in seinem Körper nur etwas lindern, aber nicht stoppen. Ich war bei seiner Beerdigung dabei. Und dort wurde geheuchelt und gelogen, wie es Pinocchio und Münchhausen im Deutschen Bundestag nicht hätten besser machen können. Es hätte eigentlich nur noch eine Polonaise um den Sarg gefehlt und das Kaspertheater wäre perfekt gewesen.

»Wo sind denn die Reste vom Hans?«, wurde ich gefragt. »Ich glaube, in der Kiste da«, konnte ich mir nicht verkneifen.

Es gelingt mir bis heute nicht, solche unnötigen, schwererziehbaren Bonmots einfach abzuschütteln.

Nach der Trauerfeier gab es leckere Thüringer Klöße mit Rotkraut und Gulasch. Nur den Musiktitel »Take me tonight« habe ich nicht wahrnehmen können. Ein verschmerzbares Ärgernis, denn dafür war die gut gebaute Nachbarin nicht zu übersehen. Ich bin absolut sicher, das war der letzte Wunsch vom Hans.

Ruhe in Frieden, mein Freund. Ich habe den Titel des »Fettnäpfchenkönigs« von dir übernommen und werde diese Trophäe mit aller Macht verteidigen.

16. Spätes Hippy End

Es war fünf Uhr morgens. Todmüde wachte ich auf. Als ich die Augen aufschlug, verschlang mich die Finsternis beinahe. Bis tief in die Nacht hinein hatte ich noch Berichte geschrieben, gefühlt befand sich kein Sauerstoff mehr in meiner Birne. Ich lag völlig orientierungslos im Erzieherzimmer. Und mir war so schlecht. Ich spürte, dass hartnäckige Viren mein Immunsystem angriffen.

Bis heute hasse ich jede Art von Männerschnupfen. Trotz der Einschränkung vermochte ich, zwei lästige Stubenfliegen zur Strecke zu bringen. Mein Jagdinstinkt hatte mich noch nicht verlassen. Der schwererziehbare Kämpfer in mir meldete sich glücklicherweise zurück.

Ich fror. Für die Uhrzeit eigentlich kein normaler Zustand. Mist! Die Heizung war kalt und dazu alles dunkel. Stromausfall?

Oh nein!

Oh doch?

Ich fand eine Kerze und brachte etwas Helligkeit in den düsteren Raum. Mir blieb nichts anderes übrig, ich musste nachsehen, was hier los war. Den Weg zur Haustür meisterte ich auch ohne viel Licht. Ich öffnete sie und erschrak. Schneechaos! Das konnte doch wohl nicht wahr sein! Was war passiert?

Über Nacht hatte es unglaublich geschneit. Die Haustür war total zugeweht, Wege und Straßen nicht mehr zu erkennen. Hastig weckte ich meine Kids.

»Mädels! Jungs!«, rief ich. »Ich brauche eure Hilfe, wir sind völlig eingeschneit.«

So schnell waren meine Schützlinge noch nie aus den Betten geflüchtet und in ihre Klamotten gesprungen. Zähneputzen fiel aufgrund dieser Katastrophe erst mal aus. So etwas konnte man getrost nach hinten verschieben.

Alle, wirklich alle packten mit an und schaufelten das Gelände frei. Ich dachte: *Welch ein Glück. Ich komme doch pünktlich nach Hause.* Denn auch dort warteten sicherlich noch einige Schneearbeiten auf mich.

Mitten im Frühsport bekam ich die ‚motivierende' Information, dass die Schule ausfiele und der schwererziehbare Erzieher noch eine Schicht anhängen dürfe. Meine Begeisterung hielt sich in Grenzen. Um die Schneemassen vor meiner eigenen Haustür würde sich jemand anderes kümmern müssen. Im südwestlichen Landkreis der angeblichen Frühaufsteher drehte sich kein Rad mehr. Alle Straßen galten als unbefahrbar.

Wir waren noch beim Schippen, da kam die nächste Nachricht. Diesmal aus dem Büro. Jemand wollte mich angeblich unbedingt sprechen. Erfahrungsgemäß konnte das nichts Gutes bedeuten.

Nein, dachte ich, *heute nicht! Nicht nach dieser Nacht.*

Ich hatte echt keine Lust auf anstrengende Gespräche. Ich ergab mich meinem Schicksal, überließ die Schützlinge ihrer körperlichen Betätigung und ging ins Büro. Auf dem Weg kam mir eine der Mitarbeiterinnen entgegen. An ihrem Schritttempo erkannte ich, dass sich meine Vermutung mit dem anstrengenden Gespräch bewahrheitet hatte. Eindringlich sagte sie mir, dass ein ehemaliger »Klient« unbedingt mit mir reden müsste. Aus Spanien.

Wirklich? Aus Spanien?

Ich überlegte hin und her. Keine Ahnung. Wer konnte das sein? Mit dem spanischen Namen Fernando wusste ich auch nichts anzufangen, außer dass dort offenbar jeder Dritte so hieß. Meine Kollegin Fanny, die gemerkt hatte, dass ich etwas genervt war, redete beruhigend auf mich ein:

»Entspann dich, Ralle, der Typ ruft um elf nochmal an.«

Fanny war und ist eine der nettesten Frauen, die ich kenne. Also wartete ich auf jenen ominösen Anruf und putzte währenddessen die Medaillen und Pokale in meinem Büro. Die Schneeräumarbeiten waren zwischenzeitlich beendet worden und meine Kids wurden anderweitig beschäftigt.

Pünktlich um elf klingelte das Telefon. Ich meldete mich ordentlich. Darauf schallte mir eine Stimme vom anderen Ende entgegen. Der Dialekt und dieses komische Gerede, halb Spanisch, halb Deutsch, klangen so albern, wäre ich nicht so müde gewesen, ich hätte vermutlich vor Lachen den Hörer weggeschmissen. So aber begann ich mich ernsthaft zu fragen, ob ich hier gerade verarscht werden sollte.

Jedenfalls redete mein unbekannter Gesprächspartner die ganze Zeit, ohne Luft zu holen, und die schlechte Verbindung erledigte ihr Übriges. Ich hatte nach wie vor keinen Dunst, wer sich da auf der anderen Seite des Hörers versteckte.

Der junge Mann, das wusste ich jetzt, erzählte mir erlebte Geschichten, die ich schon lange vergessen, oder besser gesagt verdrängt hatte. Eigenartigerweise schilderte er sie bis ins kleinste Detail.

Auf einmal sagte dieser freche Hund am anderen Ende doch tatsächlich zu mir: »Ey Homie, ich meine guter Herr Erzieher, Sie müssten doch so langsam in einem Alter sein, wo das Kacken mehr Spaß macht als der Sex, oder?«

»Junge, da haste verdammt recht!«, erwiderte ich gespielt entrüstet. »In meinem Alter ist das Zölibat ein Segen.« Danach philosophierte ich ironisch weiter: »Und im Zölibat muss der schwererziehbare Erzieher nicht heiraten.«

»Ja, ja«, legte der fremde junge Mann nach, »das können sie den Jungs mit der Zwangsjacke erzählen.«

Auf einmal fiel es mir wie Schuppen von der Glatze.

Es war Hippy!

Also diesen tollen Menschen wollte ich eigentlich nie wieder sehen oder riechen oder, wie in jenem Fall, eben hören. Der Junge hatte einfach das ganze Programm drauf, was einen Sozialarbeiter aus der Fassung drehte beziehungsweise auf die Palme brachte.

Oh nein, dachte ich, *dieser Typ ist jetzt am Telefon? Was soll das hier werden?*

Augenblicklich schossen Erinnerungen in mein Hirn, die ich vor vielen Jahren tief begraben hatte, in der Hoffnung, dass sie nie wieder zurückkehren würden.

Dieser, mein ehemaliger Schützling wusste genau, welche Knöpfe er drücken musste, damit die verantwortlichen Betreuer explodierten. Auch ich als schwererziehbarer Erzieher hatte immer Probleme mit meinem Hippy. Der Junge hatte so einige Raketen abgefeuert, die, bis auf sehr wenige Ausnahmen, nicht lustig waren.

Hippy hatte sämtliche psychiatrischen Kliniken im Einzugsbereich von 200 Kilometern besucht, meistens im geschlossenen Bereich. Er hat die Schule geschwänzt und die Lehrer zur Weißglut gebracht. Dieser Mensch hatte in den Supermärkten gezeigt, was alles herauszuholen war. Er erpresste andere Kinder und verprügelte sie nicht selten. Er suchte sich Opfer und nutzte seine Körperlichkeit brutal aus, um Vorteile in allen Bereichen des Lebens zu erzielen. So erpresste er Zigaretten, Alkohol, Geld, Mobiltelefone und andere elektronische Geräte. Das ganze Programm.

Er war damals gerade 15 Jahre alt und ein Meister der Provokation. Hippy machte vor keinem Halt, auch nicht vor mir. Was für eine Frechheit! Er schlug gerne einige meiner Kollegen und hin und wieder auch mal einen Polizisten. Seine Unberechenbarkeit war einfach nicht zum Aushalten, die extremen Stimmungsschwankungen nie so richtig zu erklären. So gab es Momente, in denen man sich ganz gut mit dem Jungen unterhalten konnte. Dann wiederum gab es Tage, da dachte ich, der Teufel persönlich hätte sich in Hippys Seele gefressen. Wer ihn erlebte, der brauchte sich keinen Psychothriller reinzuziehen. Der junge Mensch lieferte Dramatik pur.

Er war eigentlich ganz sportlich, mit einer raffinierten Mischung aus Straßenschläue und unbändigem Egoismus. Er wollte sich tagelang nicht duschen, weil er der Meinung war: »Ein richtiger Mann muss riechen wie ein Pferd!« Aber der schwererziehbare Erzieher konnte nun mal nicht den ganzen Tag ausschließlich durch die Haut atmen.

Die Mutter hatte ihn schon längst abgeschrieben und für den Erzeuger wäre eine lebenslange Haftstrafe noch viel zu human gewesen, denn Hippy war das unfreiwillige Produkt einer Vergewaltigung. Tja, und so war das Ergebnis eben ein kleiner, kaputter Hippy.

Als Kind musste er die körperlichen Auseinandersetzungen seines tyrannischen Vaters gegen seine Mutter live miterleben. Bilder, welche er nie wieder aus dem Kopf bekommen sollte. Traurig und unfassbar.

Alle Therapien waren gescheitert. So lebte der Junge in den Tag hinein und machte, was er wollte. Das Jugendamt kannte die Familienproblematik und eines Morgens wurde dieser junge, mit jeglicher Art von Narben übersäte Mensch in unsere Einrichtung verlegt oder besser formuliert abgeschoben.

Aber für seine schrecklichen Erfahrungen konnten weder er noch ich etwas. Ein bisschen mochte ich Hippy und seine lustigen verlogenen Geschichten. Der Baron Münchhausen hätte wahrscheinlich noch einhundert weitere Storys erzählen können. Trotzdem durfte man sein Verhalten nicht aufgrund der schlechten Kindheitserfahrungen rechtfertigen. Er trug das gleiche Muster wie sein Vater. Stellte man zum Beispiel einfache Forderungen an ihn, zeigte uns Hippy gekonnt, und stets mit provokantem Grinsen in der Larve, seinen blitzenden Mittelfinger. Eigenartigerweise bekam er niemals Muskelkater in dem Ding.

Meine Person war für Hippy allerdings ein sehr unangenehmer Verhandlungspartner. In seinen Augen war ich ein arroganter, sturer und nicht zuletzt schwererziehbarer Erzieher. Alles Tatsachen, die mich ein klein wenig stolz machten.

Dann flogen Bilder durch meinen Kopf. Mir fiel eine Situation ein, als Hippy im Drogenrausch mit einer Lötlampe die Küchentür abfackelte und anschließend sein Zimmer verwüstete wie Ozzy Osbourne zu Glanzzeiten.

Ich hatte das ‚wahnsinnige Glück', ausgerechnet zu jenem Zeitpunkt Dienst zu haben. Kurzzeitig schockiert und sprachlos stand ich der Situation gegenüber. Das Nächste, was ich mitbekam, war, dass Hippy in meine Richtung brüllte:

»Ey, Alter, mach deinen Arsch ran!«

Dann stand er plötzlich vor mir wie ein aufgeblasener Vollpfosten und spuckte mich an.

Das war der Zeitpunkt, als der schwererziehbare Erzieher im Tunnel stand und innerlich vor Wut einem Atomreaktor glich, bei dem die Kühlung ausgefallen war. Meine Frustrationstoleranz war im dunkelroten Bereich. Ich zitterte am ganzen Körper und kalter Schweiß floss über meinen Rücken. Es dauerte noch ein paar Sekunden, dann hatte ich mich und die Situation wieder im Griff.

Hippy hatte nach wie vor enormen Spaß daran, die Küchentür mit der Lötlampe zu bearbeiten. Also versetzte ich dem rostigen Ding einen gezielten Fußtritt, worauf die Lampe nicht nur aus seinen Händen flog, sondern zum Glück auch sofort erlosch. Anschließend schnappte ich mir Hippy und schleuderte ihn durch die Küche, gleich einer Putzkraft, die etwas zu übermotiviert ihren Wischmob schwang. Ich glaube, Hippy hatte damals jeden Millimeter und jede Ecke des Raumes ausgemessen und inspiziert.

Ich brüllte irgendwelchen Mist, um meinen Frust deutlich zu machen. Mir war gar nicht bewusst, wie viel Aggressionspotential in mir steckte. Hippy flog weiter von rechts nach links und von oben nach unten. Er torkelte durch die Küche bis ins Wohnzimmer. Auf einmal schrie er:

»Hey, hey, beruhigen Sie sich, ich bin wieder normal! Bitte, bitte hören Sie auf!«

Ich kam seinem Wunsch nach, es wurde eine Sekunde still, dann flennte Hippy so herzergreifend, als hätte man ihm eines seiner drei Handys weggenommen.

»Du kleiner Teufel!«, presste ich hervor. »Ich kann nicht mehr, du machst mich fertig.«

»Sie sind ein Scheißgegner«, schluchzte Hippy.

Nachdem wir uns irgendwann beruhigt hatten, mussten wir jedoch grinsen.

Ich glaube, zwei Wochen hielt diese, zugegebenermaßen etwas unorthodoxe, Küchentherapie an. Hippy war lieb und zahm. Er machte sein Ding und blieb relativ unauffällig. Doch dann ging es wieder los. Schulsuspendierung, Schulden, Lügen, Drogen und andere kriminelle Geschichten. Einfach alles vom

Feinsten. Beinahe jeden Tag knallte und brannte es irgendwo. Hippy rockte immer mehr und immer weiter. Ich brachte ihn zur Entgiftung in die Psychiatrie und zur Drogentherapie. Danach hatte ich nie wieder etwas von ihm gehört.

Dieser Typ, Hippy, unschlagbar auf der Playstation, aber unbelehrbar im Alltag. Diesen Menschen wollte ich nie wieder sehen. Aber nun, Jahre später, blubberte er hier am Telefon. Er sprach überraschenderweise ruhig und langsam:

»Hallo Herr Gertke, können Sie sich an mich erinnern? Ich war der, der immer Blödsinn gemacht hat oder besser gesagt, eines dieser typischen Brechreiz fördernden Exemplare.«

»Ach was? Ehrlich?«, spielte ich den leicht Empörten. Dann sagte ich: »Ja, ich kann mich an dich erinnern. Was machst du so und wie geht es dir?«

Und Hippy quasselte drauflos. Er sei jetzt Straßenkünstler, wäre verheiratet, habe zwei Kinder und eine liebe Frau. Er trete bei Geburtstagsfeiern auf, könne Feuer spucken und ein wenig Zauberei wäre auch dabei. »So etwas haben Sie doch früher auch gemacht, Herr Gertke, stimmts?«

Ja, das stimmte. Hippy konnte sich an viele Sachen erinnern, die ich schon längst begraben hatte. *Respekt*, dachte ich beeindruckt. Dann sprach er weiter:

»Aber deshalb rufe ich nicht an. Ich wollte mich bei Ihnen bedanken, weil Sie so viel Verständnis für mich hatten und mich aushalten mussten und mir ab und zu mal in den Arsch getreten haben. Das war schon okay.«

Ich dachte, ich hörte nicht richtig, als er nachlegte und weitererzählte: »Sie waren sehr beharrlich und konsequent, wenn ich mal wieder den Affen gemacht hatte. Vielen Dank dafür. Ich war ein Arschloch und möchte mich für mein Verhalten von damals entschuldigen. Ich hoffe, Sie nehmen diese Entschuldigung an?«

Ich konnte es nicht fassen! Damit hatte ich wirklich nicht gerechnet. So schmetterte ich lautstark in den Telefonhörer: »Junge, Hippy, hättest du nicht früher aufwachen können? Ich habe dich gehasst und war froh, als du weg warst!«

Nach einer kurzen Pause fügte ich seufzend hinzu: »Na gut, Ende im Gelände, mach dein Ding und pass gut auf dich auf. Entschuldigung angenommen.«

Ich fragte ihn noch, woher er die Lötlampe hatte, aber er wusste nichts mehr und konnte sich überhaupt nicht an die Geschichte erinnern. Das wunderte mich nicht, so zugedröhnt wie er damals als Jugendlicher war.

Heute kommuniziere ich mit Hippy über Facebook. Wir tauschen neue und coole Straßentricks aus und senden uns Glückwünsche zu den Feiertagen.

Ist das ein Hippy- beziehungsweise Happy End? Aus meiner Sicht leider etwas zu spät. Hat in diesem Fall die Resilienz gesiegt? Soll ja öfter vorkommen.

Hippy, ich hoffe und wünsche mir, dass du ein guter Mensch wirst und bleibst und dich weiterentwickelst.

Viel Glück dabei!

17. Ein Brief von Herzen

Ein Brief, der wirklich von Herzen kommt, ist für pädagogische Mitarbeiter so wichtig, da die Wertschätzung für unseren Job oft so etwas wie einen Ruhetag bedeutet.

Ich bin stolz darauf, dass ich öfter Mal Post von meinen ehemaligen Heimkindern bekomme. Zuhause habe ich sie, nachdem sie gelesen wurden, sorgfältig gelagert. Meine Frau wundert sich bis heute über die Schriftsendungen aus aller Welt. So habe ich immerhin über 100 Briefe aus Spanien, Frankreich, Italien, Russland, Holland, Polen und Amerika erhalten. Vielen Dank an all meine Fans.

Natürlich kamen auch einige Postkarten aus den Gefängnissen rund um den Globus, aber trotzdem. Ich bestätige hier hoch und heilig, dass alle Zusendungen voller Wertschätzung sind und natürlich die jeweils aktuellen Probleme und viele offene Fragen im Vordergrund stehen. Deshalb glaube ich auch fest daran, dass meine Arbeit, wenn auch nicht immer fehlerfrei, aber nichtsdestotrotz gut ist und einen Nutzen hat.

Warum ich das schreibe? Weil ich vor vielen Jahren einen besonders netten Brief erhielt. Ich gehe davon aus, der Inhalt entspricht der absoluten Wahrheit. Aber ich bin voller Hoffnung ...

Als ich eines Tages kurz vor einer Teamleiterberatung in meinem Arbeitsbereich aufschlug, entdeckte ich einen Brief. Er war verfasst worden von einem Mädchen, welches ich mehrere Jahre als Kontakterzieher begleitete. Das junge Ding hatte die Nachricht direkt vor dem Erzieherzimmer abgelegt, da sie wusste, dass ich ihn auf diese Weise nicht verfehlen konnte. Ganz schön clever.

Ich gebe hier den Inhalt daraus Wort für Wort wieder. Ich schwöre!

Werter Herr Gertke!

So sportlich, wie Sie auch sind, jetzt kommt etwas aus dem Bereich des Herzens.

Ein Jahr habe ich Höhen und auch viele Tiefen durchgemacht. Ein Jahr Heimzeit gab mir vieles mit auf den Weg, man sammelt reichliche Erfahrungen und man wird selbstbewusster. Man wird verstanden und man hat immer eine Schulter zum Anlehnen.

Natürlich klemmt es auch mal, doch auch die Situationen habe ich zusammen mit Ihnen gemeistert. Ich bin wie am ersten Tag stolz, Ihre Klientin sein zu dürfen.

Sie tragen viel Verantwortung und das ist schwer, dennoch haben Sie auch bei mir alle Nerven fest im Griff.

Ein Team besteht aus einem Anführer, und das sind Sie! Bitte bewahren Sie sich diese Gabe, eine Gruppe leiten zu können.

Motivation ist sehr wichtig, die Sie auch beherrschen und das ist gut. Für alles ein riesiges Danke.

Mit freundlichen Grüßen Manu

Diesen Brief habe ich immer noch. Auch oder gerade deshalb, weil mir im Zusammenhang mit dessen Inhalt ein Verhältnis mit dem Mädchen angedichtet wurde. Übrigens, eines der schlimmsten Dinge, welches einem Erzieher in seiner Arbeit widerfahren kann.

In meinem Fall wurde die Sache schnell aufgeklärt und richtiggestellt. Aber das ist eine andere Geschichte, und dieses Buch muss weiß Gott nicht als Plattform für irgendwelche Rechtfertigungen herhalten.

Übrigens Manu durfte ich nach einem sinnlosen Streit mit ihrer Mutter aus ihrem heimischen Bauernhof herausholen. Die liebe Mama fand einfach keinen vernünftigen Draht zu ihrer pubertären Tochter. Das konnte ich mir nun überhaupt nicht erklären, so nett, wie die Frau zu ihrer Tochter war. Als ich das Mädchen abholte, hörte ich von beiden Parteien lautstarke Äußerungen, wie »Undankbares Miststück«, »Schlampe« und noch ein paar andere Begriffe, die ich erstmal googlen musste, um deren Definition zu verstehen.

Ich beobachtete die Liveübertragung »Stress im Bauernhaus« eine Weile und merkte schnell, die Mutter von Manu hatte ihre Tochter überhaupt nicht im Griff. Selbst die streunenden Katzen liefen wie verhaltensgestört durch den verwahrlosten Garten, und das, obwohl sie wahrscheinlich nur die allerbesten Leckerlis aus der »Pansen-Metro« bekamen.

In den Augen der Oberbäuerin war die kräftige 15-jährige Tochter unberechenbar und reif für die Klapsmühle. Die nach billigem Alkohol riechende Erziehungsberechtigte jammerte mir die Ohren voll, dass ihre Tochter während ihrer Freizeit mit

Opa Walter im Schuppen Zigarren rauchen und Bier trinken könne, solange sie wolle und dies sei nun der Dank, oder was? Dabei müsse sie wirklich nur ganz, ganz selten im Haushalt helfen. Trotzdem würde sie sich verhalten, wie eine wahnsinnige Zwillingsschwester von Pippi Langstrumpf.

»Ehrlich?«, spielte ich mal wieder den Überraschten. »Na, wer hätte denn so etwas gedacht?«

Sarkasmus und Ironie hin und her, meine Damen und Herren, aber wenn mich jemand verarschen will, dann verarsch ich den zurück.

Später bei uns in der Einrichtung machte Manu dann einige Therapien, die immer wieder abgebrochen werden mussten. Das Verhältnis zu ihrer Mutter wurde trotz zahlreicher Gespräche und systemischer Beratung immer schlechter, bis der Kontakt völlig abbrach. Die Familie fand nicht mehr zusammen.

Ich bin ganz gut klargekommen mit der frechen Manu. Warum weiß ich bis heute nicht. Eigenartigerweise hörte sie sich meine Empfehlungen an.

Auch den Hinweis, dass sie sich schminkt wie eine missglückte japanische Fukurokuju-Puppe, nahm sie beherzt auf, obwohl sie wahrscheinlich keine Ahnung hatte, was das sein sollte. Auf jeden Fall veränderte sich die Kriegsbemalung des Mädchens zum Glück für alle ins Positive. Man tut eben, was man kann.

Manu lebt heute mit ihrer Partnerin in Hamburg auf Sankt Pauli und arbeitet im berühmt berüchtigten Rotlichtviertel. Warum auch nicht? Wenn es ihr Spaß macht.

Auch wenn es mir manch einer bis heute nicht abnimmt, aber den Kontakt zu Manu habe ich seit vielen Jahren verloren. In Hamburg war ich das letzte Mal 1993 zu einer Show des Magiers David Copperfield. Falls ich irgendwann in der Zukunft eines Tages auf Sankt Pauli aufschlagen sollte, werde ich Manu besuchen. Versprochen.

Bis heute habe ich über die sozialen Netzwerke Kontakt zu vielen meiner ehemaligen Kinder und Jugendlichen und freue mich über jede positive Entwicklung.

Heimerziehung lohnt sich wirklich und ist nicht die schlechteste Alternative zu manch anderer Hilfsmaßnahme. Davon bin ich absolut überzeugt. Und das wiederum klingt in diesem Zusammenhang fast ein wenig boshaft.

18. Heimerziehung lohnt sich

Damit es auch die letzten Zweifler kapieren: Heimerziehung lohnt sich!

Um diese gewagte These zu untermauern, gab es zahlreiche wissenschaftliche Untersuchungen und meine eigenen, über die Jahre gesammelten Erfahrungen kommen noch hinzu.

Ich bin überzeugt, dass wie in einem anderen Kapitel dieses Buches bereits erwähnt, Heimerziehung eine gute, wenn nicht sogar die beste Alternative zu anderen Hilfsmaßnahmen ist, die teilweise gar keine sind.

Aber was Kinder wirklich brauchen, um in der verrückten Welt geradeaus zu laufen, ist eine liebevolle Familie. Und diese muss nicht unbedingt eine hundertprozentig superintakte Kommune sein.

Wenn der Heimaufenthalt zeitlich begrenzt wird und in den Hilfsplänen zu erreichende Ziele gemeinsam vereinbart werden, können sich junge Menschen auch gut entwickeln.

Ich habe Kinder erlebt, die weder gut schreiben noch rechnen oder sprechen konnten. In unserem Heim wurden diese kleinen »Terrorzwerge« hin und wieder sogar zu Gruppen- oder Klassensprechern gewählt. Im schulischen Bereich konnten diese Geschöpfe viele Defizite abschütteln und versäumten Unterrichtsstoff nachholen.

Warum war das so? Weil sich diese Kinder auf uns eingelassen haben.

Angebote wurden wahrgenommen, die Beziehung zum pädagogischen Personal war in Ordnung und diese Kinder identifizierten sich mit unseren Konzepten.

Ich betreibe nach wie vor meine eigene Recherche und nutze gezielt die medialen Netzwerke, um herauszufinden, was aus unseren Schützlingen geworden ist. So kann ich heute einschätzen, dass sehr viele Kinder und Jugendliche wichtige Erfahrungen bei uns sammelten und in ihrem späteren Leben in Freiheit eine gute Entwicklung genommen haben. Das heißt im Einzelnen, sie sind in einer Ausbildung, besitzen einen Führerschein und stehen ganz ordentlich in bezahlten Arbeitsverhältnissen. Viele haben auch geheiratet und wurden selbst mit Nachwuchs gesegnet.

Alle meine Lieblinge bestätigten mir, dass sie ihre Kinder aus Liebe gezeugt haben und nicht aus Langeweile. Ich bin natürlich davon begeistert und will es mal glauben und so stehen lassen.

Für mich war es stets und ist es bis heute wichtig, dass unsere zu betreuenden Kinder entscheidende Dinge für ein geordnetes Leben bei uns gelernt haben und sich gern an die verrückte Zeit im Kinderheim erinnern.

Viele der Kinder meistern heutzutage ihr Leben. Sie sind kreativ und selbstbewusst. Das gibt mir Mut und Hoffnung. Ich bin größtenteils stolz auf meine ehemaligen Klienten. Es war nicht immer einfach, sich auf therapeutische Maßnahmen einzulassen und die täglichen Heimstrukturen auszuhalten. Für mich übrigens ebenfalls nicht. Auch ein schwererziehbarer Erzieher hat viele empathische Sichtweisen.

Ich muss mir einfach zugestehen, dass auch ich diese Welt nicht retten kann. Zumindest nicht allein. Nur alles ein wenig besser machen, so gut es geht, das sollte auf jeder To-do-Liste stehen. Dies wäre schon ein Fortschritt, und ich arbeite täglich daran, versprochen.

Ich wiederhole es immer wieder gern: Mit vielen unserer ehemaligen Heimkinder stehe ich noch heute in Kontakt. Sandy, Diana, Sven, Mandy, Kai, Nico, Sebastian, Maik, Daniela, Frank, Micha, René, Denise, Christian, Nicole, Steve, Kathi, David, Manu, Michelle und wie sie alle heißen.

All diese jungen Menschen haben ihr Ding gemacht. Einige von ihnen sehe ich zu Heimat- und Stadtfesten in unserer Region. Wir unterhalten uns dann über die aktuellen Freuden und Probleme des alltäglichen Lebens und über die alten verrückten Zeiten mit den unvergesslichen Heimgeschichten. Sie, die ehemaligen Mädels und Jungs, sind dankbar für das Erlebte, wie sie mir immer wieder bestätigen. Auch wenn nicht alles Friede-Freude-Eierkuchen war, um diese abgedroschene Redewendung zu bemühen, trotzdem liebten wir uns, und manchmal stritten wir uns, ganz wie in einer normalen Familie eben.

Für mich persönlich ist jedes Feedback die größte Wertschätzung, die man als Erzieher überhaupt in einem schwierigen Arbeitsfeld erhalten kann. Derzeit bin ich dabei, über unsere Heimchronik Erinnerungen zu sammeln und festzuhalten. So lasse ich eine enorme Zahl von Fotos vervielfältigen oder vergrößern, um sie später unseren ehemaligen Schützlingen zu schicken.

Da ich so langsam ein kritisches Alter erreiche, kämpfe ich gegen meinen inneren Schweinehund, damit der schwererziehbare Erzieher nicht fieser, fauler und fetter wird. Ich will und werde weiterhin einen guten Job machen.

Im nächsten Jahr wird unsere Einrichtung 100 Jahre alt. Da wird ordentlich gefeiert.

Leider konnten wir nicht alle unsere ehemaligen Kinder und Jugendlichen erreichen. Bei den nicht Wenigen gab es eine gefährliche Mischung aus problematischen Familienverhältnissen, Gewalterfahrungen, geistigen Defiziten, vielen Beziehungsabbrüchen und mangelnder Identifikation mit der Heimerziehung. Außerdem gab es eine Vielzahl unseliger Entscheidungen von an der Erziehung beteiligter Personen. Oft wurden Angebote abgelehnt und therapeutische Maßnahmen abgebrochen. Einige der ganz harten Jungs habe ich sogar im Strafvollzug besucht. Andere machten eine unbeschreibliche Drogenkarriere durch. Ich habe oft Post aus den Gefängnissen bekommen. Da stand immer deutlich zwischen den Zeilen geschrieben, was sich die harten Jungs am meisten wünschten: eine tolle Familie mit Haus, Hund und vielen Kindern.

Genau das, was sich viele Menschen so wünschen.

Ein ehemaliger Schützling schrieb mir in einem sehr emotionalen Brief den folgenden Spruch, welcher sich auf ewig in mir eingebrannt hat:

Ja, so kann das Leben sein, Herr Gertke. Wenn einem die Fürze ausgehen, gibt es nur noch Scheiße! Alles Scheiße und Game over!

Drei Wochen später erhängte sich Alex, der Verfasser jener Zeilen, in seiner Gefängniszelle. Und jedes Mal, wenn ich seinen Brief zur Hand nehme und lese, spüre ich es, das Gefühl von Trauer und Ohnmacht und anschließend wird mir übel.

Wir können leider nicht alle Kinder retten. Diese Erkenntnis ist sehr traurig, aber die harte Realität.

Alex, ruhe in Frieden! Ich werde dich nicht vergessen.

Den Anderen weiterhin alles Gute und für die nächsten Schritte maximale Erfolge.

Ich orientiere mich an Oscar Wilde: »Am Ende wird alles gut. Wenn es nicht gut wird, ist es noch nicht das Ende.«

Diese Weisheit lasse ich mir ums Verderben nicht von der Waffel löffeln!

Danksagung

Cover: André Gertke

Der Arbeitskreis:

Nina Stähle, Kathleen Meckelburg, Dana Zimmer, Michael Friedrich,

Jan Putzas, Eva Lawitschka

Literarischer Support:

Gudrun Westenberger, Dana Zimmer, Carina Putzas

Ein fettes Danke an mein Verlagsteam. Ihr habt einen tollen Job gemacht.

Ich habe auch nichts anderes erwartet.

Was mich bis heute wundert, ist die Tatsache, wie viel Mega-Verständnis Ihr aufbringen musstet, um meine verbal-akrobatischen und nervigen Entgleisungen auszuhalten.

Damit mein Sohn André einen fototauglichen Menschen vor die Linse bekommen konnte, wurde kurzerhand von meiner Frau das hauseigene Beautyräumchen zu einem Fotostudio umfunktioniert. Sie hatte danach die glorreiche Aufgabe, mit all ihren Make-up- und Puderdosen meine Optik etwas aufzuhübschen.

Anschließend brauchte André sehr viel Geduld und Geschick, mich mit entsprechenden Anweisungen in Szene zu setzen. Gar nicht so schlecht, wenn der Vater kein Fotomodel ist. Die kreative Umsetzung seiner Arbeit schmückt also jetzt die Hülle meines Buches. Ich kann nur sagen – 100 % Familie.

Ich danke dafür.

Zitate meiner Arbeitsgruppe

»Mein lieber Ralf, Du bist ein typischer Erzieher, Du machst immer die gleichen Fehler, aber diese völlig konsequent.«

(Dana Zimmer)

»Mein lieber Freund Ralf, wenn Du beim Literaturwettbewerb nicht dabei bist, trete ich Dir dorthin, wo Deine Mutti früher das Thermometer eingeführt hat.«

»Ralf, wer mit verbalen Handgreiflichkeiten nicht umgehen kann, hat in der ersten Liga nichts zu suchen.«

(Jan Putzas)

»Ralf, bleib ganz locker, nimm Dir Zeit und glaub mir,

Dein Buch wird gut.«

(Nina Stähle)

»Ralf, ich habe lange in der Lebenshilfe gearbeitet, ich kann Deine Geschichten sehr gut nachempfinden.«

(Kathleen Meckelburg)

»Ralf, ich kaufe Dein Buch auf jeden Fall, denn ich brauche noch etwas zum Schrottwichteln.«

(…Namen habe ich vergessen)

Fünf Tipps und keine Tricks

Klarheit

- Kinder brauchen Klarheit und fordern diese ein
- authentisch bleiben und die Zeichen der Zeit erkennen
- zu den Verboten Alternativen bieten, gesunde Streitkultur
- eigene Persönlichkeit mit Empathie entwickeln
- niemals die Menschlichkeit verlieren (klare Linie mit Herz)

Vielseitigkeit

- Neugierig bleiben, Interessen in vielen Bereichen entwickeln
- z.B. handwerken, reparieren, kochen, Sport, Erlebnisse schaffen etc.
- Ideen sind gefragt, Kreativität entwickeln und gestalten
- am eigenen Selbstwert arbeiten, keine Angst vor Rückschlägen
- Talente fördern, beharrlich bleiben und Coolness ausstrahlen

Fitness

- gesunde körperliche und geistige Lebenseinstellung vorleben
- die Lust auf Leistung aktivieren
- Netzwerke zu Vereinen aufbauen und unterstützen
- Demonstrationsvermögen aufweisen
- Spaß am Spiel vermitteln
- Kinder mögen starke Persönlichkeiten

Humor

- über sich selbst lachen können
- Lust und Spaß im Umgang mit schwierigen Menschen
- Argumentationsfähigkeit, Durchsetzungsvermögen
- auch mal coole Sprüche und nette Provokationen anbieten
- aber sich nicht provozieren lassen

Supervision

- regelmäßiger fachlicher Austausch
- realistische Selbstreflektion und Weiterentwicklung
- ausprobieren und Mut zum experimentieren
- auf eigene Bedürfnisse achten
- zu seinen Fehlern stehen und damit umgehen

Wer einen guten Job macht, darf viele wartungsfreie Zeiten mit und ohne Kindern und Jugendlichen genießen.

NOBODY IS PERFECT!

Den perfekten Erzieher, Handwerker, Künstler, Musiker etc. gibt es nicht. Aber ich kenne einige Leute, die sind ganz nahe dran. Ich noch nicht...

Weiterhin erschienen im redhouse verlag:

Jan Putzas

Milch oder Tee zum Frühstück? – Ein Glas Wein bitte.

Eine Aufregung

Kapitel 7: Die Arroganz des Handwerks, alter Adel und neue Präsidenten

Eines Morgens erhielt ich von meinem Kumpel *Mister T* eine WhatsApp Nachricht mit einem Fragezeichen samt Foto, auf dem ein Teil des Cockpits seines Mercedes` abgebildet war. Ich erkannte das Symbol der Reifendrucküberwachung, welches gelb aufleuchtete.

»Komm vorbei«, schrieb ich zurück. »Irgendein Reifen verliert Luft. Ich sehe nach.«

Eine Stunde später erschien *Mister T* in der Werkstatt und ich nahm eine Messuhr zur Hand. Ich prüfte den Reifenluftdruck an allen vier Rädern seines Wagens und maulte ihn anschließend voll: »Mann, Mann, Mann. Du kannst bei einer E-Klasse mit solchen Riesenwalzen, die da drangeschraubt sind, nicht nur einen Reifendruck von 1,8 bar fahren. Klar, dass das System dann meckert. Als Konsequenz davon brauchst du jetzt vier neue Reifen, weil der niedrige Luftdruck über einen längeren Zeitraum dazu geführt hat, dass sich das Profil unverhältnismäßig schnell und ungleichmäßig abgenutzt hat.«

Mister T zog daraufhin seine Stirn angenervt in Falten und schoss zurück: »Immer diese Arroganz von euch Autoschlosser-Heinis. Das kotzt mich so an. Da fährt man früh morgens gut gelaunt mit seinem hartverdienten Mercedes in die so was von überhaupt nicht Mercedes-Fach-Werkstatt und wird dort erstmal vom Mechaniker mit irgendeinem Fachgesülze zusammengeschissen.« Er tätigte eine kurze Pause, in welcher er tief Luft holte, dann schimpfte er weiter: »Oder glaubst du ernsthaft, ich habe irgendein Wort von dem verstanden, was du da von dir gegeben hast? Bestell mir einfach vier neue Reifen und gut ist.«

Ich sah ihn an, hob den Daumen und lachte mich kaputt über seine brillante Vorstellung. Er stimmte mit ein und wir stießen unsere Fäuste zusammen. Ein paar Sekunden später brummte es in meiner Hose. Es war mein Telefon, welches mir damit zu verstehen gab, dass eine Nachricht angekommen war. Ich holte es hervor und sah auf das Display. Es war die Stadträtin, die um Rückruf bat.

»Okay«, sagte ich zu *Mister T*, »Ich muss jetzt ein bisschen Bürokram erledigen.« Was im Klartext hieß, ich wollte mich auf dem Klo einschließen, damit ich in Ruhe telefonieren konnte. »Ich bestell dir neue Reifen und melde mich dann. Und jetzt scher dich auf Arbeit.« Ich wollte schon losgehen, doch dann drehte ich mich noch einmal herum, klatschte mir theatralisch gegen die Stirn und warf hinterher: »Ach so, habe ich doch glatt vergessen. Du hast ja keine Arbeit.«

Anschließend lachte ich meckernd wie eine Ziege. *Mister T* grinste zurück und zeigte mir den Mittelfinger. Danach stieg er in seinen Mercedes und fuhr davon.

»Was gibt's denn?«, fragte ich in den Hörer.

»Hast du die Tagungsgebühr für deine Aufnahme in den Olymp schon überwiesen?«, antwortete die Stimme der Stadträtin mit einer Gegenfrage.

»Hat er«, antwortete ich in der königlich dritten Person.

»Gut, dann bis nächste Woche Freitag!«, sagte sie im gewohnten Befehlston einer Ex-Polizistin. »Ihr braucht nicht selbst fahren, wir holen euch gegen 15 Uhr ab!«

»Super, danke, freu mich. Bis dahin«, erwiderte ich und anschließend beendeten wir das Gespräch. Danach rief ich sie gleich nochmal an und sagte: »Ach und Stadträtin?«

»Was denn?«

»Gutes Gespräch.«

»Du bist doch bescheuert!«

»Ich dich auch.«

Den übernächsten Freitag begaben wir uns allesamt auf den Weg in eine historische Universitätsstadt im Harz. Als angehendes Neumitglied einer altehrwürdigen Gesellschaft sollte ich heute Abend in diese eingeführt werden.

Allesamt bedeutete: die Stadträtin, der Kommissar, der Mayor, meine Frau und ich. Ach so und außerdem eine Frau, der man Genialität nachsagte, wenn ich das richtig verstanden hatte. Im Kleinbus des Kommissars muffelte irgendjemand ein bisschen unangenehm. Ich hegte einen Verdacht, sagte aber ausnahmsweise nichts, weil ich an jenem sonnig herbstlichen

Freitag niemanden diskreditieren wollte. Also wenn es unerträglich gewesen wäre, dann natürlich schon. Dann wäre ich selbstverständlich in eine aggressive Beweisführung getreten und hätte anschließend vorgeschlagen, die betreffende Person auf das Wagendach zu schnallen. Immerhin war das Wetter schön, also kein Problem.

Vor Ort sollte noch Medaillenträger Doktor Vince zu uns stoßen. Damit wäre das Rudel aus dem wilden Osten komplett. Oder, wie wir höchstwahrscheinlich bei der ehrenwerten Gesellschaft hinter vorgehaltener Hand genannt wurden, »die abtrünnigen aufmüpfigen Ossis«.

Der Mayor sollte außerdem an diesem Abend ins Präsidium gewählt werden, was dem muffigen Ensemble nach vielen Aussagen dringenden und klischeebehafteten frischen Wind verleihen würde. Was dies jetzt genau bedeutete, erfuhr ich zirka zwei Stunden später. Wir checkten also in diesem Tagungshotel ein und mussten anschließend erstmal jede Menge Hände schütteln. Anderen Mitgliedern der Gesellschaft, dem akademischen Rat, dem Präsidium, Adligen, Professoren und den dazugehörigen Damen. Allesamt teuer aussehend. Schätzungsweise liefen dort 5000 Jahre Geschichte herum. Und das meine ich wortwörtlich. Die meisten von denen haben die Namensgeber der Gesellschaft wahrscheinlich noch persönlich gekannt. Aber ich will hier auf keinen Fall respektlos erscheinen. Immerhin hatte ich es dort mit großartigen Wissenschaftlern und den adligen Nachkommen der Gründerväter zu tun. Also ich kannte von diesem Hofstaat selbstverständlich niemanden. Und die mich im Gegenzug natürlich auch nicht. Das wollten die offenbar auch nicht. Denn bei der später stattfindenden Vorstellung der Neumitglieder – Originaltext: »Neun oder zehn«, das wussten sie wohl selber nicht so genau – wurde ich doch glatt übergangen, also nicht benannt. Dies fand ich aber nicht weiter tragisch, denn zwischen diesen ganzen verdienten Größen, die dort herumsaßen, fiel ein Automechaniker, der sich nebenher als Schriftsteller für Trivialliteratur verdingte, auch nicht weiter auf. Außerdem hatte mir die Stadträtin zu Recht verboten, jedes Mal einen Diener zu machen, wenn ich mich vorstellte.

Ich belauschte ein Gespräch von zwei Männern hinter mir.

»Herr Doktor Sowieso, was ich Sie schon immer einmal fragen wollte, haben Sie eigentlich schon etwas veröffentlicht?«

»Ja ja, also ich bin gerade dabei mein Buch über Politik aus der Sicht eines Aerodynamikers zu beenden und ein kleiner, aber feiner Verlag wird es veröffentlichen.«

»Ehrlich? Wie hoch wird die Startauflage sein?«

»So im mittleren dreistelligen Bereich. Also 400 bis 500 Stück.«

»Na alles klar«, raunte ich vor mich hin, als ich dies hörte. Ich schüttelte den Kopf und grinste dabei, worauf mir die Stadträtin einen warnenden Blick zuwarf. Als Nächstes dachte ich: *Gib doch einfach zu, dass du 500 Exemplare von diesem Scheiß von deinem eigenen Geld drucken lässt. Kein richtiger Verlag würde das herausbringen, weil den Inhalt kein Schwein interessiert und du lediglich deine Umgebung damit zu Tode langweilst.*

Also ich war ja vielleicht an jenem Tag nur der Hooligan aus der Arbeiterklasse im Saal. Geduldet, jedoch nicht wirklich erwünscht. Aber ich war mit absoluter Sicherheit jemand, der einen echten Buchvertrag in der Tasche hatte. Und genau deshalb kannte ich mich im Verlagswesen auch ziemlich gut aus. Eine Tatsache, die man bei gefühlten 700 Absagen der großen Verlagshäuser auch erwarten durfte. Vor allem erkannte ich, wenn sich jemand in diesem Bereich etwas aus den Fingern sog. Denn auch die kleinen, aber feinen Verlage, wie der Herr sie nannte, die ihren Autoren Geld dafür bezahlen, während sie deren Bücher veröffentlichen, vermarkten und verkaufen, starten in der Regel mit einer Auflage von 1000 Exemplaren. Und dies wusste ich zufälligerweise genau, denn bei meinem letzten Machwerk war das der Fall. Allerdings handelte es sich dabei um leichte anspruchslose Lektüre. Hätte ich hingegen eine Abhandlung über Politik aus der Sicht eines Kuckuckslüfters, oh Verzeihung, ich meine selbstverständlich Aerodynamikers, geschrieben, dann sähe die Sache wahrscheinlich anders aus. Mein Verlag würde in so einem Fall, wenn er es denn mir zuliebe überhaupt veröffentlichen würde, vermutlich auch nur mit einer Startauflage von 100 Stück beginnen. Es müssten schließlich erstmal 100 Personen gefunden werden, die sich bereit erklärten, 20 Euro für so einen Mist auf den Tisch zu legen. Von lesen will ich erst gar nicht anfangen. Dann doch eher, als Unterlage für einen schief stehenden uralten Kleiderschrank, von dem man sich irgendwie nicht trennen kann, weil darin ein paar verstaubte

Faschingskostüme aufbewahrt werden. Also unter anderem Opas alte Militäruniform.

Aber was rege ich mich schon wieder auf? Ich wollte Ihnen eigentlich nur demonstrieren, dass in der sogenannten Oberschicht genauso auf den akademischen Putz gehauen wird, wie samstagnachmittags in der örtlichen Sportkneipe nach einem Kreisliga-Fußballspiel. Der Mensch ist eben auch nur ein Primat.

Als ich der Stadträtin, die neben mir saß, davon berichtete, belehrte sie mich: »Hasilein, es kommt bei denen nicht so sehr auf den Inhalt der Schriften oder Verkaufszahlen an. Sondern mehr auf die Reputationen derer, die es geschrieben haben. Und natürlich, mit wem sie sich in der Öffentlichkeit ablichten lassen und wer Werbung für sie betreibt. Aber das lernst du noch.«

Jedenfalls will ich Sie hier jetzt nicht »en détail« mit der dreistündigen Sitzung langweilen. Es hatte echt etwas von einem schlechten Kabarett. Allerdings habe ich trotzdem viel gelacht. Da wurde zum Beispiel von einem adligen Nachfahren der Namensgeber, ich nenne ihn hier datenschutzhalber kurz und knapp »Den Buckligen« - weil er von allen Seiten mit Arbeit überladen wurde und diese am besten in wenigen Sekunden, zur vollsten Zufriedenheit für sämtliche Parteien erledigen sollte - etwas angepriesen und vorgeführt, sodass jeder im Saal dachte, es handelte sich um ein universell einsetzbares Heilmittel gegen Alzheimer. Es nannte sich: »Die neue Homepage der ehrenwerten Gesellschaft«, in der wir Mitglied waren. Anschließend wurde extra betont, dass 4000 der 6000 Euro, die diese gekostet habe, aufgrund von Spenden und Sponsoren bezahlt werden konnte. Dass auf der Seite sogar das Programm zu lesen war, mit dem sie erschaffen wurde, und dies war ein ziemlich bekanntes handelsübliches, musste man fast schon als grotesk bezeichnen. Dies war der Zeitpunkt, als ich das zweite Mal lauthals auflachte, weil es nicht anders ging. Also mein Kumpel Alex, der meine Homepage kreierte, hätte dies besser für unter 1000 Euro hinbekommen. Aber egal, was wusste ich schon? Ich dachte wie immer zu kleingeistig…

So, als Nächster stand unser Mayor am Rednerpult. Dort tat er als Erstes etwas, und das vergesse ich ihm nie, er stellte mich allen Anwesenden inklusive dem Präsidium als neues Mitglied der Gesellschaft vor, denn diese hatten das ja eingangs unter den Teppich gekehrt, und gab zusätzlich einen kurzen Anriss meiner Vita. Anschließend legte er den Jahresbericht über die Tätigkeiten und Errungenschaften der Tochter innerhalb der Muttergesellschaft vor. Dies wurde mit viel Applaus und anerkennenden Gesten honoriert. Jeder im Saal, der noch halbwegs bei klarem Verstand war, ahnte mittlerweile, dass die altehrenwerte Gesellschaft ohne die Arbeit der Tochter bloß ein Haufen alter, bornierter, schwerfällig-akademischer Trottel wäre, die nichts weiter auf die Reihe bekamen außer einer lächerlichen Internetseite für schlappe 6000 Euro. Am Ende waren es dann sogar 7000.

Irgendwann kamen wir zur Wahl des neuen Präsidiums und da wurde es dann richtig albern und öfter auch mal laut im Saal. Da hatten wir also Stimmzettel bekommen, die völlig unübersichtlich, unlogisch und unverständlich waren. Aufgrund der aufbrausenden Diskussionen wusste wohl niemand so recht, was er denn ankreuzen sollte, um einen für ihn wünschenswerten Zustand hervorzurufen. Da wurden zu allem Überfluss, die Stimmzettel für einen der Kandidaten auch mal komplett vergessen zu drucken. Diese wurden dann in panischer Aufregung schnell noch handschriftlich angefertigt. Es war herrlich.

Es reichte auch nicht aus, dass irgendwelche Aussagen des alten Präsidiums einfach mal so hingenommen wurden. Nein, es musste selbstverständlich alles schriftlich belegt und bewiesen werden. Auch wenn es sich nur um die Frage handelte, weshalb eine stimmberechtigte, nicht anwesende Person eben nicht zugegen war. Einige befürchteten wohl, dass diese schnell noch von einem Profikiller beseitigt worden war, damit ihre Stimme keinen Einfluss mehr auf das Wahlergebnis hatte.

Irgendwann ging es dann endlich mit der Wahl los. Es wurden ein neuer Präsident gewählt, Stellvertreter und so weiter. Unter anderem sollte auch der angehende Aero-Politik-Bestsellerautor eine Reihe hinter mir ins neue Präsidium gewählt werden.

Ich hörte im Vorfeld, wie er seinen Sitznachbarn fragte: »Wie mach ich denn den Stimmzettel ungültig?«

»Keine Ahnung«, antwortete dieser. »Machen Sie doch Konfetti daraus.«

»Interessanter Vorschlag, hahaha«, erwiderte der andere in Altkanzler Schröder-hafter Manier karnevalsmäßig lachend.

Ich beging den folgenschweren Fehler und besaß die Unverschämtheit, ich Trottel, dass ich mich nach hinten umdrehte und vorschlug: »Warum wollen Sie denn den Stimmzettel ungültig machen? Sie dürfen sich doch selbst ankreuzen.«

Antwort: »Ach wissen Sie, ich bin mir sicher, dass ich auch so gewählt werde.« Und ganz wichtig hinterher: »Hahaha.«

Okay, dachte ich und sagte: »Na gut. Aber wenn Sie sich nicht selber wählen, haben Sie auf jeden Fall schon mal zwei Stimmen weniger.« Und ich vergaß natürlich auch nicht, hinterher: »Hahaha« zu machen.

Antwort: »Hahaha, der war gut.«

Unser Mann, der Mayor, wurde übrigens kurz darauf als einziger Kandidat ohne Gegenstimmen ins neue Präsidium gewählt.

Nach über drei Stunden Krampf war der ganze Hokuspokus dann endlich vorüber. Na okay, vielleicht noch nicht ganz. Der ein oder andere musste selbstverständlich noch seinen Senf über das alte Präsidium im Allgemeinen ablassen oder einzelnen Personen im Raum noch ein paar Seitenhiebe verpassen, oder eben ordentlich nachtreten.

Ganz besonders der neue Schriftführer und Altkanzler-Schröder-Darsteller eine Reihe hinter mir. Originaltext von ihm: »So, ich möchte mich nochmal in aller Form bei Herrn von Sowieso bedanken (hier meinte er wohl den Buckligen) für die Schirmherrschaft darüber, dass hier eine neue Homepage erstellt wurde.« (Ja, er meinte definitiv den Buckligen.) Dann sagte er weiter: »Da wurde wohl jede Menge Arbeit, Zeit und Geld hinein investiert.« Er ließ eine künstlerische Pause, dann fuhr er fort: »Und jetzt, wo wir die Homepage gesehen haben, wissen wir alle, wir haben nochmal jede Menge Arbeit vor uns. Hahaha.«

Gut, außer ihm lachte jetzt kein anderer im Raum und ja, er hatte recht, die Homepage war vermutlich das Werk eines betrügerischen Stümpers, aber trotzdem, immer schön die Höflichkeit wahren, please. Auf jeden Fall hielt ihn der nicht vorhandene Beifall keineswegs davon ab, weiter herumzupoltern: »Ich würde mich dann auch bereit erklären, im Anschluss mit dem virtuellen Klingelbeutel herumzugehen, um die restlichen Gelder einzusammeln, damit die 6000 Euro Kosten für die Homepage komplett gedeckelt werden können.« Und was hat er abschließend selbstverständlich nicht vergessen? Richtig, Sie ahnen es: »Hahaha.«

Im Anschluss gab es jede Menge Glückwünsche untereinander, die wahrscheinlich nicht allesamt ehrlich gemeint waren, und dann ging es endlich, endlich zum Abendessen. Dafür wurde extra für die feine Gesellschaft ein kleiner Saal hergerichtet und die Ehepartner der Mitglieder durften hinzukommen.

An dieser Stelle wird es vielleicht Zeit, dass ich Ihnen erkläre, wie es überhaupt dazu kam, dass ich zu jenem hochakademischen retroaristokratischen Possenspiel geladen wurde.

Es war in den Iden des Quintilius 2018, als mir eines holden Wochentages ein berittener und parfümierter Herold eine goldene Depesche mit Pfeil und Bogen durch das offene Fenster in die stöfferne englische Tapete meines Esszimmers nagelte. Also kurz gesagt, ich hatte einen Brief von der Post im Kasten.

In jenem stand sinngemäß und grob der Wahrheit entsprochen geschrieben: *Wir haben Sie »kreativer autodidaktischer Bürger der Mittelschicht«* (vermutlich aus Gründen der Quote) *in unsere 5.000 Jahre (plus minus) bestehende, altehrenwerte, strenggeheime, genetisch vorzeigbare und elitär nachweisbare Gesellschaft der Herrlichkeit aufgenommen. Im kommenden Oktober findet in der Stadt XY eine wochenendliche wissenschaftliche Tagung mit neuer Präsidiumswahl statt, in welcher der alleralleralllererste hohe Rat verabschiedet wird. Also hinkommen please, und zwar très chic!*

Ja, so war das, ehrlich, plus minus. Aber zurück zum Geschehen.

Jedenfalls, am nächsten Morgen nach dem Frühstücksbuffet, welches durchaus akzeptabel war, wurden wir allesamt in einen Reisebus verfrachtet, denn es waren diverse Besichtigungen und Vorträge geplant. Einige hochinteressant, manche äußerst einschläfernd, was ein paar der Anwesenden auch zelebrierten. Ein ausgiebiges Matineenickerchen im Kolleg. Diese Delinquenten konnte man von den hinteren Reihen hervorragend erkennen. Ihre Schädel fielen immer wieder und in regelmäßigen Abständen wie in Zeitlupe nach vorn oder zur Seite und manchmal war es auch die komplette Person, die da einfach vom Stuhl kippte. Und das wurde nach dem Lunch nicht besser. Es überkam einen der Verdacht, die Kräuterliköre, die man zu sich genommen hatte, um das Wohlbefinden nach dem Verzehr des fettigen Bratens zu steigern, beschleunigten jenen Vorgang der plötzlich aufkommenden Narkolepsie um ein Vielfaches.

Um die Ehre der betreffenden Personen zu retten, muss ich an dieser Stelle der Fairness halber hinzufügen, hörbar gefurzt hat damals niemand, soweit ich mich erinnern kann. Aber die Luft in solch stickigen Hörsälen ist ja sowieso meist nicht die Beste.

Einige der anschließenden Diskussionen entschädigten allerdings für so manche Stunde aufkeimender Langeweile.

Es folgte ein aus dem Kontext gerissener Kommentar: »Ach wissen Sie, als Historiker habe ich ein ernsthaftes Problem mit ihrem Vortrag. Denn was ist mit dem Aspekt der menschlichen Dummheit?«

Der durchaus unterhaltsame Vortrag, den er meinte, kam zuvor von einem Biologen und es ging um Ästhetik, Unordnung und Struktur. Die Relevanz des kritischen Einwurfs des Historikers erschloss sich mir zwar nicht, aber was wusste ich schon? Ich hatte ja auch keinen akademischen Grad.

Apropos nicht vorhandener akademischer Grad: Dies schien wohl auch einen der Professoren des alten Präsidiums an mir zu stören. Ein kleinwüchsiges Männlein, welches sich nicht nur für einen brillanteren Physiker als Georg Christoph Lichtenberg hielt, sondern jenem in Aussehen und Statur auch ziemlich ähnelte. Jedenfalls wollte mich dieser nicht in der altehrenwerten Gesellschaft haben, wie mir der Mayor später beim Dinner berichtete. Meine Verdienste waren dem Professor wohl nicht außergewöhnlich gut genug. Das konnte ich ja auch ein wenig verstehen. Die wollten unter sich selbsternannten Nobelpreisträgern bleiben. Und das war in der Tat irgendwie berechtigt, denn nach ausgiebiger Recherche im Internet fand ich über den kleinen, aber feinen Professor exakt: Gar nichts!

Die Einwände und Bedenken meiner Aufnahme betreffend wurden mit, in seinen Augen, unverschämten Argumenten niedergeknüppelt, wie zum Beispiel: »Der Kandidat schreibt und veröffentlicht Unterhaltungsliteratur aus einem ähnlichen Genre wie der Namensgeber unserer Gesellschaft.« oder »Der Kandidat hielt bereits eine Lesung im ehemaligen Wohnschloss unseres Namensgebers, welche restlos ausverkauft war.«

Aber da ging es mir keineswegs alleine so. Der neue Spitzenpräsidentschaftskandidat, ich nenne ihn in dieser Geschichte kurzerhand Professor Doktor Hugh Hefner, weil das der erste Gedanke war, der mir in den Sinn kam, als der Mann mir über den Weg lief, stand bei einigen Mitgliedern der Gesellschaft so dermaßen in der Kritik, dass diese aus Protest gegen seine Kandidatur erst gar nicht angereist waren. Die Gründe dafür waren folgende: Professor Doktor Hugh Hefner hatte lediglich einen Ehrendoktortitel seines alten akademischen Theaters. Und das war eine absolute Frechheit in den Augen mancher Altmitglieder, denn so einen »Kretin« durfte man doch nicht zum Präsidenten ernennen. Dass Hefner außerdem der Wissenschaft fahnenflüchtig geworden war, indem er vor einigen Jahren ein recht erfolgreiches Buch mit esoterischen Ansätzen veröffentlicht hatte und somit die Möglichkeit von intelligentem Design einräumte, war ihm auch nicht besonders förderlich bei seinen alten Akademikerkomplizen. Seine Situation auf meine projiziert, war er von uns beiden natürlich der Scharlatan, aber ich fand, wir Gescholtenen mussten irgendwie zusammenhalten. Gewählt habe ich ihn trotzdem nicht. Ich habe eine Weile mit mir gerungen, mich dann aber meiner Stimme enthalten. Ich durfte einfach aus Gründen des guten Geschmacks keinem Typen zur Präsidentschaft verhelfen, der solch potthässliche Schuhe an den Füßen trug. Und was war das Ende vom Lied? Entgegen aller Kritik wurde Hefner trotzdem zum Präsidenten gewählt. Und zwar haushoch. Allerdings hatte er auch keinen Gegenkandidaten, doch wen interessierte das schon?

Okay, weiter im Text. Da war wie gesagt dieser Einwurf, den der Historiker dem Biologen während jener teilweise unfreiwillig komischen Tagung, bei der ich zugegen war, an den Kopf warf: »Was ist mit dem Aspekt der menschlichen Dummheit?«

Also ich bin jetzt vielleicht nicht Gottes Prophet »Number One«, aber ich war damals mit Sicherheit nicht der Einzige im Hörsaal, der dem Historiker nach seiner Aussage am liebsten Folgendes geantwortet hätte: »Dass Sie diese Frage überhaupt stellen müssen, ist wahrscheinlich genau das vorliegende Problem.«

Und des Historikers Vortrag selbst ein paar Stunden zuvor, war auch der absolute Gipfel. Nicht nur, dass er einen sehr interessanten Bericht einer Professorin über Lichtenberg-Figuren unterbrach, weil er einen stinklangweiligen Lebenslauf von irgendeinem britischen Offizier, den offenkundig kein Schwein kannte und der irgendwie etwas mit einer »Operation Paperclip« zu tun hatte, von einer Folie ablas. Ja, Sie hören richtig. Von einer Folie auf einem Polylux, wie der letzte *Cro-Magnon-Mensch*. Nicht einmal von einem Beamer.

Ich weiß noch, ich zückte damals mein Handy und recherchierte erstmal im Netz über »Operation Paperclip«. Die gab es wirklich. Das war eine Bezeichnung der Alliierten mit dem Inhalt, sich nach dem Zweiten Weltkrieg sämtliche deutsche Techniker und Wissenschaftler einzuverleiben, damit diese dann für sie genau dasselbe machten, wie zuvor für die Nazis. Außerdem haben die Alliierten damals natürlich sämtliche Forschungseinrichtungen inklusive Material geklaut. Äh, ich meine selbstverständlich umgelagert. Entschuldigung, mein Fehler.

Na ja, auf jeden Fall las der Historiker irgendwelche, seiner Meinung nach immens wichtigen Jahreszahlen von der Folie ab und erzählte dazu irgendeinen Stuss. So, dass selbst einige Herrschaften des hohen akademischen Rates hinterher im Autobus darüber diskutierten, was dieser langweilige Unsinn eigentlich für einen tieferen Zweck hatte, außer sich selbst Gehör zu verschaffen.

Und ob wahr oder nicht wahr, interessierte die meisten im Saal ohnehin nicht, denn die waren während des Gesülzes weggeklappt. Begleitet wurde jede Info aus dem Munde von Professor Doktor Münchhausen mit Auswürfen wie: »Ich habe da auch mal mit jemandem in Washington im Pentagon darüber diskutiert.«

»Na klar, hast du das«, rief ich mit stark verstellter Fistelstimme nach vorn, um kurz darauf mit meiner normalen

Stimme hinterherzuwerfen: »Also Herrschaften, ich bitte Sie, Contenance! Ich würde das gerne weiterhören.«

Die Stadträtin und der Kommissar kippten vor Lachen beinahe vom Stuhl nach dieser Nummer. Aber für so etwas war ich schließlich da.

Folgendes war auch noch gut. Sagte der Lügenbaron doch nicht ernsthaft: »Ich war mal bei einem sowjetischen General, Namen darf ich selbstverständlich nicht sagen, hahaha, geladen und wir haben in der Sauna seiner Datscha bei gutem Wodka, ein komplettes Wochenende lang diese Problematik erörtert.«

»Und wieder muss der Russe herhalten«, raunte ich dem Kommissar daraufhin ins Ohr. »Und wenn auch nur für die Märchen eines aufgeblasenen Zeigestocks.«

Wir bekamen danach gerade noch Folgendes von vorn mit: »Bla, bla, bla und Vorsitzender des nationalen Verteidigerforscherrates von 1946 war wer?«

Es folgte Stille im Saal.

»Das wissen Sie nicht?«, echauffierte sich der Lügenbaron künstlich. »Und ich dachte immer, nur meine Studenten wissen nichts!«

Immer noch betretenes Schweigen in den Reihen und ich dachte: Hoffentlich haut der jetzt nicht einen Namen wie Charlie Chaplin raus oder so und ich bin so dämlich und weiß nicht mal die einfachsten Dinge.

Aber dies tat er nicht, sondern rief stattdessen offensichtlich empört: »Mensch Leute, das war James Bryant Conant.«

»Hat der nicht Titanic und Avatar gemacht, als Regisseur?«, fragte ich leise in die Runde.

»Nee, das war James Cameron«, antwortete der Kommissar ebenso leise zurück.

»Herrschaften!«, Baron Münchhausen war nach wie vor pikiert und hatte außerdem die Gesichtsfarbe in zorniges Rot gewechselt aufgrund derartigen Desinteresses an seiner Fachrichtung. »Also ehrlich. James Bryant Conant?«

Die Ruhe im Saal hielt auch nach diesem Vorstoß eisern an.

»Um Gottes willen!«, und hier fand ich extrem witzig, dass ein Physiker solch eine religiöse Metapher benutzte. »Das war ein Präsident von Harvard.«

An dieser Stelle konnte ich nicht mehr an mich halten und rief: »Ach, na jetzt, wo Sie das sagen, ist es mir auch wieder eingefallen.«

Es kamen vereinzelte Lacher, aber die meisten schwiegen unbeirrt weiter oder hüstelten peinlich berührt. Hätte nur noch gefehlt, einige hätten parfümierte Taschentücher hervorgeholt und sich damit den Schweiß des Fremdschams von den Oberlippen getupft. Oder sie hätten sich kleine Riechsäcke voll mit Gewürzen vor die Nasen gehalten, Hofärzten gleich, wenn diese die pestilenzähnlichen, syphilisverseuchten Gemächer des stark riechenden Königs betreten mussten, weil dieser partout seine Bude nicht durchlüften wollte, geschweige denn, sich unten herum waschen, der gesalbte und gekrönte Oberstinker.

Zum Glück schloss der Historiker kurz darauf seinen Auftritt mit den Worten: »Ach, fickt euch doch allesamt! Dummes Gesindel!« (Hat er nicht gesagt, ist gelogen, aber ich hätte mich bepinkelt vor Lachen, hätte er es getan.) In Wirklichkeit bekam er nicht den geringsten Anstandsbeifall.

Nicht einmal vom akademischen Rat oder besser formuliert, gerade von dem nicht.

Zumindest hatte der Mann erreicht, dass der zweite Teil des eigentlichen Vortrages, den er dreist mit seinem Müll unterbrochen hatte, abgebrochen werden musste, weil die Redezeit einfach zu Ende war und der nächste Referent bereits neben dem Podium herumhampelte.

Ich hörte dann auch nicht mehr richtig zu, sondern dachte stattdessen ein wenig über Russland nach. Irgendwie schien es zu jeder Epoche schick gewesen zu sein, mit Reisen, Aufenthalten oder angeblichen Ausstellungen im Zarenreich zu hausieren. Ob es da die Schwester war, die man besuchte, oder eben ein DDR-Historiker zu Besuch in der Datscha eines sowjetischen Generals, oder, oder, oder... Es war völlig egal. Hauptsache, man konnte eine Einladung hervorbringen, um die eigene diplomatische Dringlichkeit zu untermauern. Angeblich soll der Mathematiker Carl Friedrich Gauss, also zumindest laut Kehlmanns Buch, ein Angebot über eine Professur aus Sankt Petersburg erhalten haben. Dieses soll er dann als Druckmittel gegen den Herzog von Braunschweig eingesetzt haben, damit der ihm all seine Wünsche erfüllte. Viele russische Herrscher galten eben schon früher als kulturelle und architektonische Schöngeister, die gern ausländische Künstler und Gelehrte in ihr Reich lockten. Selbst Stalin, der alte Banause, hatte es geschafft, den Bau der prächtigen Moskauer Metro zu veranlassen.

Abends gab es ein festliches Dinner mit Dresscode in einem Nebensaal des Tagungshotels. Es wurden diverse Unterhaltungen und Diskussionen geführt. Weil sich niemand der anwesenden Patrizier und des Wissenschaftsadels ernsthaft für den jungen Plebejer, den sie in ihre Gesellschaft aufnehmen mussten, weil er ein paar erstklassige Ideen mitbrachte und den unaufhaltsamen Fortschritt darstellte, zu interessieren schien, hatte dieser, also ich, genügend Zeit, sich voll und ganz dem zu widmen, was eine seiner Lieblingsbeschäftigungen war. Er lauschte aufmerksam dem Hoftratsch ringsumher und verteilte Punkte an die Leute.

Als der neue Präsident Professor Doktor Hugh Hefner, der mittlerweile ein Paar nicht weniger unschöne Slipper mit Bömmelchen trug, das in Ordnung gehende, aber keinesfalls besonders gute Abendbuffet mit den Worten eröffnete: »Wenn ich diese Üppigkeit betrachte, dann muss ich befürchten, heute Abend herrscht in der kompletten Stadt ein Nahrungsmittelmangel, hahaha.« (Also »hahaha« konnten die alle gut) und ich dann anschließend einen Blick auf die fünf Pfannen Kantinenkost, die auf der Tafel standen, hinüberwarf, konnte ich mich nicht mehr zurückhalten und spuckte vor Lachen mein halbes Bier in die billige Zellstoffserviette.

Nach dem üppigen Mahl, wie der neue Präsident es nannte, drückte ich meiner Frau einen Kuss auf die Lippen und sagte ihr, dass ich mit dem Gedanken spielte, mich zurückzuziehen, weil mir der Geräuschpegel im Saal tierisch auf die Nerven ginge.

Hier müssen Sie sich zum besseren Verständnis einfach 100 Leute mit suboptimal funktionierenden Hörgeräten in den Lauschern vorstellen, die sich die ganze Zeit und in einer Tour gegenseitig anbrüllen.

Also verabschiedete ich mich von allen Freunden an unserem Tisch und erhob mich, um zu gehen. Der Kommissar schloss sich mir an, indem er ebenfalls von seinem Platz aufstand und mir zuraunte: »Ich komme mit. Mir reicht‘s auch!«

Wir liefen dann aus dem Tagungsgebäude des Hotels über den Parkplatz zum Hauptgebäude und passierten anschließend mit kurzem Gruß die Lobby. Nahe dem Fahrstuhl fiel mir etwas ein und ich sagte zum Kommissar: »Ist noch was von dem Bier übrig, das du gestern gekauft hast?«

»Nur noch Alkoholfreies«, antwortete er.

»Ich würde gerne noch ein Richtiges trinken«, erwiderte ich.

Der Kommissar überlegte kurz, dann sagte er: »Ich glaube, die schenken Bier in der Lobby aus. Gestern habe ich dort einen Mann mit halbvollem Glas sitzen sehen.«

Prompt kehrten wir um und stellten fest: Er hatte recht. In der Lobby lag eine Getränkekarte. Also orderten wir zwei Bier beim Nachtportier und machten es uns in den Sesseln der Lounge bequem. Wir entspannten, nippten hin und wieder am Hopfengebräu und führten leichte, nicht kopfschmerzfördernde Konversation. Was im Klartext bedeutete, wir lästerten ordentlich über das Tagesgeschehen ab. Weil wir genau in der Einflugschneise zu den Fahrstühlen der Hotelzimmer saßen, trudelten nach und nach sämtliche Tagungsschlafgäste an uns vorbei. Einige blieben stehen und wünschten uns eine gute Nacht, was wir wohlwollend erwiderten.

Plötzlich kam mein neuer Busenfreund und frisch gewähltes Präsidiumsmitglied »Brauch ich nicht, ich werde auch so gewählt!« Professor Doktor »Wir haben noch jede Menge Arbeit vor uns bla, bla, bla, hahaha« um die Ecke getänzelt.

»Ah! Gut, dass ich Sie nochmal treffe«, rief er und sah überraschenderweise mich dabei an. »Sie sind der richtige Mann!«

Später erfuhr ich, dass, nachdem wir weg waren, noch diskutiert wurde. Danach schien der ein oder andere auf einmal zu denken, dass ich doch interessant genug sei, warum auch immer, sich mit mir abzugeben.

»Wissen Sie, ich hab da noch einen Text zu veröffentlichen, den ich bereits halbfertig habe, aber keine Lust, ihn weiterzuschreiben«, offenbarte er mir. »Wollen Sie das nicht machen? Sie haben doch einen Schreibdienst und ich zahle gut.«

»Handelt es sich dabei um Ihren Aufsatz: Die Politik aus der Sicht eines Aeorodynamikers?«, fragte ich selbstverständlich hochinteressiert.

»Ja!«, entgegnete er freudestrahlend. »Sie haben davon gehört? Das ist ja schön.«

»Ja, wer nicht?«, erwiderte ich ihm zuprostend. Ich überraschte mich selbst jedes Mal dabei, wie ich auch den kleinsten Anflug von Sarkasmus in meiner Stimme unterdrücken konnte, wenn ich denn wollte.

»Und deswegen muss ich auch leider passen«, fuhr ich fort. »Derlei Texte sind erstens überhaupt nicht mein Thema und zweitens habe ich keinen Schreibdienst. Tut mir leid, ich kann Ihnen da leider nicht helfen. Aber Sie finden bestimmt einen passenden Ghostwriter für Ihr Buch.«

Und wenn nicht, fügte ich in Gedanken noch hinzu, *dann ist es auch nicht weiter dramatisch für die Menschheit.*

»Aber ich habe doch eine Visitenkarte von Ihnen.« Dann machte er so, als kramte er in seiner Jackentasche. »Moment, wo habe ich sie denn? Schreiben, schrauben, irgendwas steht doch da drauf?«

»Schreibender Schrauber steht da drauf«, half ich ihm auf die Sprünge.

»Ja, genau«, sagte er. »Das ist kein Schreibdienst? Nicht Ihre Firma?«

»Nein«, sagte ich. »Das ist eine Bezeichnung, die ich vor einigen Jahren von einer Journalistin erhalten habe, die einen Artikel über mich verfasst hat. Es soll eine Art Symbiose zwischen dem Kfz-Handwerk und der Schriftstellerei darstellen. Hat mir gefallen. Habe ich übernommen.«

»Ach so? Sie veröffentlichen selbst?«, fragte er dann und tat offensichtlich überrascht. »Was schreiben Sie denn?«

Ich wartete noch zwei Sekunden, ob er nicht den abgedroschenen Gag mit den »Kochbüchern«, den ich mir in den ersten Jahren meiner schriftstellerischen Versuche andauernd anhören musste, bringen würde, was er aber nicht tat. Also antwortete ich: »Mein letztes Buch war ein humoristischer Abenteuerreisebericht über Tadschikistan und Usbekistan.«

»Ehrlich?«, staunte er, »Das ist ja interessant. Wie kommt man denn da hin?«

»Mit dem Flugzeug«, sagte ich und vergaß dabei selbstverständlich nicht, hinter dieses sehr flache Bonmot das tagungstypische »Hahaha«, nachzuschieben. Im Anschluss sagte ich extra beiläufig: »Ach wissen Sie, ich hatte eine Einladung der deutschen Botschaft in Duschanbe, mit der Bitte, dort eine Buchlesung abzuhalten.«

»Ehrlich?«, rief der Doktor Aeronaut daraufhin und seine Stimme bekam dabei einen quietschenden Unterton nach hinten heraus. »Das ist ja interessant. Erzählen Sie!«

Danach machte er es sich in seinem Sessel bequem, wollte jetzt wohl eine Weile bleiben und ich dachte nur: *Wie einfach es doch ist, die selbsternannte Elite mit Oberflächlichkeiten zu beeindrucken. Hauptsache Reputation und Absender der Einladung stimmen.*

Eigentlich, und das sollte ich mir unbedingt merken, wenn nicht sogar in mein eigenes Repertoire übernehmen, benutzen solche Selbstdarsteller eine öffnende Frage und die daraus hervorgehende Interessenheuchelei nur dazu, um anschließend und ohne den anderen zu Wort kommen zu lassen, lediglich ihre eigenen Geschichten und Vermächtnisse ihrer ach so immensen Leistungen wiederzugeben.

Denn als ich geschlagene 45 Minuten später, nachdem unser Altkanzler Schröder-mäßiger und neu ins Präsidium gewählter Doktor Aeroventilator sich zur Bettruhe zurückgezogen hatte, bemerkte: »Jetzt war er ja ansatzweise sympathisch«, entgegnete der Kommissar: »Na ja, das Problem ist, ich habe in den letzten Jahren immer wieder dieselben Geschichten von dem gehört.« Dann hob er den Zeigefinger. »Und zwar exakt wortwörtlich!«

»Vielleicht auswendig gelernt?«, vermutete ich. »Oder es hat sich im Laufe der Jahre aufgrund der ständigen Wiederholungen in sein Hirn eingebrannt.«

»Oder«, sagte der Kommissar, »es handelt sich um eine alternative Variante von Alzheimer.« Dann lachten wir und ich fügte noch hinzu: »Gefangen in der Endlosschleife des Märchenlandes.«

Als nächster betrat der letzte männliche adlige Nachfahre eines der beiden Namensgebers der Gesellschaft die Bühne respektive Hotellobby. Er wünschte uns eine gute Nacht und wollte sich anschließend zu den Fahrstühlen begeben.

Kurz entschlossen rief ich hinterher: »Herr von und zu, möchten Sie sich zu uns gesellen und noch ein Bier mit uns trinken?«

Er schien kurz zu überlegen, dann nickte er, ließ sich neben mir in einen Sessel fallen und sagte: »Warum nicht? Sehr gern.«

Anschließend orderte er ein Pils beim Nachtportier und ließ es auf sein Zimmer buchen. Als das Getränk kurze Zeit später serviert wurde, klimperten die Gläser beim freundlichen Anstoß, man wünschte sich eine erfolgreiche Zusammenarbeit und nahm daraufhin einen großen Schluck des gut gekühlten Göttertrunkes.

Eine Minute später betraten meine Frau, die Stadträtin und der Mayor die Lobby und gesellten sich ebenfalls zu uns. Die Stadträtin zwinkerte mir zu und flüsterte in mein Ohr: »Wir hatten soeben noch ein paar interessante Gespräche. Es ging unter anderem auch um Dich.«

»Moi?«, spielte ich den leise Verblüfften und Weltgewandten, der der französischen Sprache mächtig war. »Pourquoi?«

»Ja ja, spinne hier nicht rum!«, entgegnete die Stadträtin in ihrer unnachahmlichen charmanten Art und Weise. »Jedenfalls steht man unserer Idee, einen Literaturwettbewerb zu initiieren, wohlwollend gegenüber«, sagte sie als Nächstes. Und dann fügte sie noch lächelnd hinzu: »Aber was blieb ihnen auch anderes übrig?«

»Sehr gut«, sagte ich und nickte zufrieden.

Danach widmeten wir uns voll und ganz der Konversation mit Herrn von und zu und dieses Mal war ich bestimmt ernsthaft der Überraschteste im Raum, als jener plötzlich in meine Richtung äußerte: »Ach, wissen Sie? Sie können Autos reparieren und Bücher schreiben. Ich kann keines von beiden.«

Anschließend lächelte er kryptisch und ich wartete, dass er vielleicht noch irgendetwas Sarkastisches hinterherwarf.

Der Grund dafür war, und in dieser Szene muss ich wieder meinen Kumpel *Mister T* ins Spiel bringen, denn an irgendeiner Stelle sind die Herrschaften ja alle gleich, *Mister T* hatte, einige Zeit zurückliegend, etwas ganz Ähnliches zu mir gesagt: »Ich kann absolut nichts! Ich bin einfach nur reich.«

Als von Herrn von und zu allerdings nichts dergleichen kam, ich also nicht genau wusste, ob er es jetzt anerkennend oder herablassend gemeint hatte, nahm ich es einfach als Kompliment hin. Schon die Tatsache, dass er überhaupt etwas über mich wusste, während ich ihn bei der zuvor stattfindenden Präsidiumswahl noch für einen buckligen Trottel hielt, zeigte mir erneut auf: »Unterschätze niemals irgendjemanden. Ganz egal, wie er auch auf Dich wirken mag.«

Gewissermaßen verband den altadeligen Nachfahren, den neuen Präsidenten und mich eben auch der Sachverhalt, dass wir einigen Teilen der »Altvorderen« ein Dorn im Auge waren. Ich, weil ich ein Prolet ohne akademischen Titel war, denn was galt da schon ein Meisterbrief oder Bachelor Professional, wie es neuerdings heißt, einer 500 Jahre alten Institution, die man »Deutsches Handwerk« nennt? Der neue Präsident, weil er unter anderem Zen-Buddhist war. Und der Herr von und zu, der nur deshalb mitmachen durfte, weil er einen hohen Namen trug und ein Tropfen blauen Blutes in seinen Adern floss.

Oder, wie es mein neuer bester Freund und Neupräsidiumsmitglied und Altkanzler Schröder-hafter Herr Doktor Aeroflot laut und treffend bemerkte, nachdem wir zuvor festgestellt hatten, dass sein Vater, genau wie ich, ein Studienabbrecher war: »Hahaha, ihr seid alte Leidensbrüder, hahaha.«

Darauf ich: »Hahaha.«

Darauf er wieder: »Hahaha.«

Darauf alle Anwesenden im Chor: »Hahaha.«

Man bekam vor lauter »Hahahas« die Tür nicht zu, kann ich Ihnen sagen.

Am nächsten Morgen nach dem Frühstück checkten wir aus und fuhren anschließend noch einmal mit dem gecharterten Bus in die Innenstadt. Es war eine geführte Stadtbesichtigung geplant. Wir erfuhren etwas über sämtliche berühmte Frauen und Männer der Umgebung. Hauptsächlich Männer. Es schienen hier aus dieser Stadt lediglich berühmte Söhne zu stammen. Es waren eben chauvinistische Zeiten damals im 18. Jahrhundert. Und Frauen durften erst über 100 Jahre später studieren. Wer weiß, wo wir heute sonst stünden? Wahrscheinlich hätten wir den Dieselskandal und die Elektroautodebatte schon während des 1. Weltkrieges gehabt.

Es zeugten glänzende Namensschilder an vielen Häuserwänden der Innenstadt von den ruhmreichen Prachtkerlen, die einst dort lebten.

Aber ich meine, sind wir ehrlich: Wer kann denn heutzutage mit absoluter Sicherheit verifizieren, ob das wirklich so war? Hören Sie mir bloß auf mit den Scharlatanen von Historikern. Die wissen auch nur das, was irgendein anderer von ihren Vorgängern irgendwann mal in ein Buch gekritzelt hat. Das erste Evangelium zum Beispiel soll erst rund 70 Jahre nach der Kreuzigung von Jesus geschrieben worden sein. Na schönen Dank auch. Geht‘s noch? Unsereins hat noch Originalfrontgeschichten vom Opa gehört. Und seine Narben und Schussverletzungen reichten als Beweise. Und es hat für mich auch einen Grund, dass das englische Wort »History« »Vergangenheit« bedeutet und das deutsche Wort »Geschichte« irgendwie nach »Märchen erzählen« klingt. Aber was rege ich mich schon wieder auf?

Einer der anwesenden ehrenwerten Professoren äußerte, und es war ausgerechnet jener, der mich nicht in der Gesellschaft haben wollte, Folgendes: »Ich finde, diese uralten

Namensschilder könnten nun wirklich langsam einmal ausgetauscht werden!«

»Aber die sind doch noch klar und leserlich«, entgegnete daraufhin eine andere Person.

»Ja, aber so meint der Herr Professor das nicht«, mischte sich eine dritte Stimme in das Gespräch ein. »Er meint, die alten Namen sollten langsam ausgetauscht werden. Vermutlich unter anderem gegen seinen eigenen.«

Falsches Gelächter und vereinzelte »Hört - hört!« Ausrufe durchzogen anschließend den Tross. Jenes Mal war ich es, der ausnahmsweise den Scheibenwischer vorm Gesicht tätigte. Dabei stellte ich mir vor, dass es eigentlich witzig wäre, wenn Gott oder Teufel, oder wer auch immer, eine Handvoll Blitze gen Erde schicken, den akademischen Haufen sprengen und den Unverschämtesten unter ihnen zeigen würde, was er von ihrer promovierten Diarrhö hielt.

Nach der Stadtführung wurden wir zurück zum Hotel kutschiert, wo ein mittelgroßes Verabschiedungszeremoniell stattfand. Eine blaublütige, aber braunäugige Dame hielt mir erhaben ihre behandschuhte Hand zum Kusse hin. »Sie sind also der Herr Schriftsteller so und so?« Überraschenderweise sprach sie meinen aus Preußisch-Litauen stammenden Nachnamen völlig fehlerfrei aus. Das erlebte ich auch nicht alle Tage.

»Ja, der bin ich«, sagte ich lächelnd und wechselte anschließend ins erhabene Französisch. »Enchanté.«

Daraufhin verwandelte sich ihr Gesicht zu einer humorlosen Visage. »Nun, das dachte ich mir«, sagte sie und entschwand danach meinem Sichtfeld.

»Alles klar, weiß ich Bescheid«, raunte ich mir selber zu. Anschließend hielt ich meiner Frau den Ellenbogen hin und säuselte mit spitzen Lippen: »Gnädige Frau, würden Sie mir die Ehre erweisen, mich zu unserer Kutsche zu geleiten?«

Leseprobe

Dana Zimmer

Beim ersten Mal tut‘s immer weh.

Meine ganz persönliche Yoga-Äkspiriejenz.

-Auszug-

(erschienen im Selbstvertrieb – weitere Informationen zu Buch und Autorin zu erfragen unter info@redhouse-verlag.de)

Jung. Dynamisch. Zielorientiert.

Vor fünf oder sechs Jahren trieb mich die Neugier erneut in die Schule. Ich hatte bereits meinen Hang zur Fortbildung erwähnt. In einem Programm der hiesigen Volkshochschule entdeckte ich einen Kurs, der den bedeutungsschwangeren Namen *„Kundalini-Yoga“* trug.

Heute schreibe ich diesen Begriff fehlerfrei, ohne vorher nachzusehen. Ich sage euch, ich habe lange eine Vorlage zum Ablesen gebraucht, ehe ich die Aussprache ohne Weiteres hinbekam. Vom Merken oder Schreiben ganz zu schweigen. Nur von der Aussprache. Die erfolgreiche Übernahme ins Langzeitgedächtnis kam viel später.

Zur damaligen Zeit war ich beinahe einmal wöchentlich Gast in der KVHS, also in der Kreisvolkshochschule, wie die Einrichtung mit vollständigem Namen heißt. Und so ging ich vor meinem Englisch-Date ins Büro und fragte nach. Kommentarlos bekam ich eine Anmeldung gereicht, auf der alle Infos standen, die mich interessierten. Erklärungen waren nicht weiter notwendig, man kannte sich.

Was mich nicht überraschte, war die Tatsache, dass es eine Mindestteilnehmerzahl von zehn Leuten gab, sonst würde der Kurs nicht stattfinden. Ich kannte den Andrang für die Englischkurse und konnte mir daher beim besten Willen nicht vorstellen, dass es so schwer sein sollte, zehn Interessierte zu finden, die sich diverse Verrenkungstechniken antun wollten, noch dazu, wo Yoga voll im Trend lag. Es überraschte mich, dass es eine ganze Weile nicht klar war, ob der Kurs tatsächlich stattfinden würde. An mir sollte es jedoch nicht liegen, denn ich hatte eine Freundin verdonnert mitzumachen. Ergo hatte ich meinen Platz zu hundert Prozent übererfüllt, was beinahe an DDR-Verhältnisse grenzte.

Mit der Anmeldung bekam ich eine Liste mit notwendigen und erforderlichen Dingen überreicht, die ich mir bitteschön bis zur ersten Stunde besorgen sollte.

Hatte ich natürlich gemacht. Wenn ihr aber vorhabt, mal schnell eine Yoga-Matte im Geschäft nebenan zu kaufen, habt ihr euch schwer getäuscht. Nicht in einer Kleinstadt und schon gar nicht beim kleinen privaten Krauter. Da musste es ein

Supermarkt mit Vollsortiment sein. Oder ein Ausflug in die nächst größere Stadt.

Gut, es ist kein Problem, eine etwas weitläufigere urbane Ansiedlung als unsere in einem Umkreis von 30 Kilometern zu finden. Aber erst das ganze Theater mit Rumkutschen, Parkplatz suchen (auf einen Ganztagesausflug mit den öffentlichen Verkehrsmitteln hatte ich keine Lust) und dann latscht man auch bloß ein Einkaufszentrum nach dem anderen ab und kommt mit tausend Sachen wieder raus, aber ohne Yoga-Matte.

Ich für meinen Teil hatte Glück, dass einer unserer Supermärkte eine gut sortierte Sportabteilung hatte, und siehe da, neben Fahrradreifen und Lego-Creator lagen die gewünschten Unterlagen. Eine reichte mir und die habe ich heute noch. In Froschgrün. Schöne Farbe. Lila und schwarz kann jeder, aber nicht froschgrün.

Die restlichen Sachen hatte ich zu Hause: eine legere Trainingshose, T-Shirt, Socken, Wolldecke. Etwas zu Trinken sollte man sich noch einpacken. Das alles passte in eine dieser übergroßen Einkaufstaschen vom Drogeriemarkt um die Ecke.

Und so stand ich zusammen mit meiner Freundin und zwölf oder dreizehn anderen Jüngerinnen zum benannten Termin vor den Toren der Volkshochschule, diesmal allerdings nicht zum Englischlernen, sondern zum Yogaturnen. Eine der Büro-Damen zeigte uns den für uns vorgesehenen Übungsraum.

Wie früher im Unterricht, wollte niemand zuerst den Raum betreten. Die Tür stand jedoch offen und gab einen ungehinderten Blick ins Innere frei. Gleich vorn lag eine ausgerollte Matte. Davor waren brennende Teelichter in gläsernen Behältern aufgereiht und der Mini-Stereo-Rekorder stand mit offenem CD-Deck bereit. Im rückwärtigen Teil hantierte eine junge Frau in ordentlicher Yoga-Kleidung in einem Korb herum. Von ihr konnte man erwarten, dass sie solche Sachen trug, immerhin machte sie das haupt-nebenberuflich.

Irgendeine hatte doch den Anfang gemacht und so gingen wir nacheinander im Gänsemarsch in den großen, mit Teppichboden ausgelegten Raum. Hier und da hörte ich ein schüchternes „Hallo", während sich alle im hinteren Teil des Raumes zusammenpferchten. Jede schaute sich etwas verstohlen um, wahrscheinlich aus Angst, sich zu blamieren, weil sich herausstellen könnte, dass man selbst kein Profi war. Aber das Ding hieß nicht umsonst Anfängerkurs. Die anderen Teilnehmer gehörten im Übrigen dem weiblichen Geschlecht in Plus-Size an. Genau wie ich, aber das werdet ihr bereits an der femininen Wortwahl bemerkt haben, also dass es sich ausschließlich um Damen handelte.

„Legt eure Jacken da hinten auf den Tischen ab und zieht euch bitte um."

Tische und Stühle waren an den Wänden übereinandergestapelt worden, so dass eine genügend große Freifläche vorhanden war, um uns auszubreiten.

„Sucht euch einen Platz für eure Matten, aber lasst etwa einen Armbreit Abstand. Ihr braucht nachher Platz."

Nach und nach wurden die Matten ausgerollt, alle soweit weg wie möglich von der Kursleiterin. Und ich wusste es. Schwarz, lila, grau. Aber kein Froschgrün!

Die geistigen Pompons ließ ich vorsichtshalber in der imaginären Schublade, denn diese Erkenntnis war noch kein Grund zum Jubeln. Und wenn, dann nur ein klitzekleiner. Versteht einer uns Frauen.

Meine Freundin und ich trauten uns gemeinsam mit einer anderen Dame etwas näher heran.

Diesbezüglich zeige ich nur selten Scheu, denn ich will meist alles aus der ersten Reihe sehen und, in dem Fall, auch gut beobachten können.

Wenn ich mich recht erinnere, hieß unsere Trainerin Anja oder Nadine oder … ich weiß es wirklich nicht mehr genau. Als Erstes erklärte sie uns kurz, was wir hier überhaupt machen wollten. *Kundalini-Yoga.* Diese Yoga-Art habe ihre Wurzeln in Indien. Sie, also Cornelia oder Dunja, konnte den Namen schnell und fehlerfrei aussprechen, was ihr eine innere Verbeugung von mir einbrachte. Yoga sei verbreitet im Hinduismus und solle Körper und Geist zusammenführen.

Irgendwann, während des wirklich kurzen Vortrages, bin ich trotzdem ausgestiegen. Wir saßen alle im Yoga-Lotossitz für Anfänger, der sich Schneidersitz nennt, auf unseren Matten und mein Rücken fing an, vor Schmerzen zu wimmern, so dass ich alles andere um mich herum ausblendete. Ich redete mir im Stillen zu, dass ich mich nicht so anstellen und gefälligst zusammenreißen soll. Da bemerkte ich, dass es mir nicht allein so erging, denn nach zwei oder drei Minuten setzte eine leichte Unruhe unter den anderen Teilnehmerinnen ein, welches mit einem Geraschel und Herumgerutsche auf den Matten einherging.

Doris oder Melanie (oder doch Anja oder Nadine?), brachte ihre Einführungsrede schnell zu Ende. Offensichtlich hatte sie mitbekommen, dass sich die Aufnahmebereitschaft ihres Gegenübers in Grenzen hielt, sprich, niemand hörte ihr mehr zu. Kurzerhand drückte Ilse oder Rita die Play-Taste am CD-Spieler und es ertönte eine südöstlich angehauchte jammernde Dudelmusik. Und so begann meine erste Yoga-Stunde.

Lasst mich nochmal kurz abschweifen und etwas zum Thema 'Lotossitz' sagen.

Habt ihr das schon einmal probiert? Den Lotossitz? Das ist nicht einfach der Schneidersitz, den wir schon im Kindergarten gelernt haben, als wir uns zu Kreisspielen auf den Boden setzten. Schneidersitz ist kein Problem. Auch nicht für Leute mit etwas mehr auf den Hüften. Aber ab einem bestimmten Alter kommen neben 'Schulter', 'Rücken' oder 'Ellbogen' noch solche Sachen wie 'Knie' dazu. Wer 'Knie' hat, dem fällt es zusehends schwer, sich im Schneidersitz niederzulassen. Wenn wir also trotz 'Knie' oder anderer diverser Zipperlein endlich auf unserem Hintern sitzen und die Beine davor verschränken, haben wir einen großen Teil der Aufgabe geschafft und können erstmal tief durchschnaufen.

Atmen hilft übrigens, um den Schmerz zu vertreiben. Das kennt jede Hausfrau, die schon mal mit der Hand beim

Beschöpfen der Ente die Temperatur der Innenseite des Backofens persönlich und hautnah überprüft hat. Da hilft neben kaltem Wasser tiefes Atmen. Vor allem, um den Schrei zu unterdrücken. Aber hey, es ging ums Knie.

Wer alles 'Knie' hat, erkennt ihr daran, wer beim tiefen Durchatmen im Schneidersitz das Gesicht zusammenzieht, als hätte er auf eine Zitrone gebissen. Irgendwann weicht die Fratze einem seligen Lächeln und die Augen gehen wieder auf. Allerdings dauert es in der Regel nicht lange und die Hutscherei fängt von vorne an. Denn wer 'Knie' hat, hat meist auch 'Rücken'. Mir fiel und fällt es zum Glück (noch) leicht, mich im Schneidersitz auf einer ebenen Unterlage niederzulassen. Aber was jammere ich hier eigentlich rum? Ich war beim Lotossitz.

Wir saßen also auf unseren Matten wie die Schneider und ich verglich meine Körperhaltung mit der unserer Lehrerin. Irgendetwas war bei ihr anders und ich machte mich daran, meine Körperhaltung mit der von Fanny oder Priscilla zu vergleichen.

Das war wie bei den Bildchen aus der *Frösi*, „Finde die 5 Unterschiede". Heute werden solche Spielchen in diversen Frauenzeitschriften angepriesen. Ich meine die, mit den schnellen Tipps zum Hüftgoldwegzaubern, dicht gefolgt von den gehaltvollen Tortenrezepten, den Herz-Schmerz-Geschichten und den Rätselseiten. Am besten finde ich die ‚Dr. Sommer' – Seiten für Senioren. Die ehemaligen Bravo-Leser wissen, wovon ich rede. Heute fragen Mütter, warum sie noch keine Großmütter sind, obwohl ihre Lieblingsprinzessin doch so einen tollen Märchenprinz hat, oder was man tun kann, wenn der Nachbar plötzlich vor der Tür steht und eine Tüte Mehl borgen will. Die gleichen oder ähnliche Fragen wurden diesen Damen vor 20 Jahren vom freundlichen Doktor Sommer Team beantwortet und jetzt haben sie wahrscheinlich die Antworten nicht mehr parat. Was damals funktioniert hat, muss heute auch noch gehen. Aber ich war ganz woanders, nämlich beim Vergleich der Sitzpositionen. Entschuldigung.

Ich verfolgte also die Haltung der Beine von unserer Vorturnerin Marie oder Laura mit meinen Augen von ihrer Hüfte abwärts. Bei den Füßen bin ich hängengeblieben. Da war der Fehler.

Beim Schneidersitz sind die Füße unter die Oberschenkel geschoben. Beim Lotossitz liegen sie auf den Schenkeln oben drauf.

Nun bin ich keine Gummipuppe und werde auch nie eine sein. Spaßeshalber habe ich es zumindest mit einem Bein probiert. Der sofort einsetzende Krampf hat mich davor bewahrt, auch noch den zweiten Fuß auf den anderen Oberschenkel legen zu wollen. Und es war nicht nur ein Krampf. Das ging von der Fußsohle über eine beinahe Knöchelverrenkung mit gleichzeitigem Kniescheibenvorfall bis kurz vor den steinharten Wadenkrampf. Das braucht kein Mensch. Zum Glück schaffte ich es, mein verrenktes Bein rechtzeitig wieder auszustrecken, damit sich der Krampf lösen konnte.

Blöderweise bleibt man bei einer solchen Verknotung nicht einfach sitzen. Das wäre Quatsch. Nachdem ich also versucht hatte, mich aus dem halben Lotossitz zu befreien, bin ich einem Stehaufmännchen gleich auf die Seite gekippt. Und liegengeblieben. Zumindest solange, bis sich mein Zitronengesicht in die normale Ausgangsmimik zurückverwandelt hatte. Dann erhob ich mich langsam zurück in den Schneidersitz und blieb dort. Irgendwann hat man eben ein Alter erreicht, in dem man seine Fehler nicht 20 Mal wiederholen muss, ehe man daraus lernt.

Mein Publikum freute sich wie verrückt, dass sie nicht selbst darauf gekommen waren, den Lotossitz auszuprobieren. Denn natürlich verglichen alle ihre Beinhaltung. Aber keine traute sich, meinen Blödsinn nachzumachen. Außer einer. Und diese Person hatte es tatsächlich geschafft, in der Lotoshaltung sitzenzubleiben. Und dann hat sie getönt, wie bequem das doch sei. Hätte sie den Mund gehalten, wäre ihr eine Welle der Bewunderung entgegengeschwappt. So aber waren es Blicke, die ihr heimlich zugeworfen wurden. Die Art muss ich hier sicher nicht weiter beschreiben.

Die anderen hatten noch mein schmerzverzerrtes Gesicht vor Augen und hielten sich daher eher an die Variante des Schneidersitzes.

In jeder Gruppe gibt es eben einen Streber.

Wir fingen an und saßen, außer einer, im selbst gebauten Lotossitz unserer Vortänzerin gegenüber. Die Rücken sollten wir gerade halten (die ganz Rückenschwachen durften sich als Stütze die mitgebrachte Wolldecke unter den Hintern schieben), Hände auf die Oberschenkel, Daumen und Mittelfinger zusammenführen, Augen schließen und dann … tiiiief durch die Nase einatmen und laaangsam durch den Mund ausatmen.

Nach dem zweiten Mal traute ich mich, kurz in die Runde zu gucken, so mit einem halboffenen Auge. Und siehe da, ich war nicht die Einzige, die neugierig war. Zum einen hatten alle, außer Miss Lotossitz, eine Wolldecke unter dem Hintern liegen, was schon mal beruhigend war. Offenbar hatte keine heimlich vortrainiert, um sich ein paar ordentliche Rückenmuskeln zuzulegen.

Auch Madam Lotossitz war neugierig und guckte verunsichert. Nur weil sie es geschafft hatte, ihre Beine zu verrenken, hieß das noch lange nicht, dass sie Yoga fehlerfrei beherrschte.

Ja, auch das Atmen war Yoga für mich. Ich hatte so etwas schließlich noch nie zuvor gemacht und deshalb war auch das ‚bewusste Atmen', wie es genannt wurde, eine durchaus anspruchsvolle und anstrengende Yoga-Übung. Immerhin tat mir immer noch der Rücken weh.

Es war beruhigend zu wissen, dass jede von uns durch die Gegend schielte und außerdem stand fest, dass alle auf dem gleichen Stand waren und demnach niemand sich für seine Unfähigkeit und Unkenntnis schämen musste. Dabei befanden wir uns, wie gesagt, erst beim Atmen.

Das würde noch jede Menge Potenzial bieten.

Kontakt

www.redhouse-verlag.de

info@redhouse-verlag.de